UML 2 in 5 Tagen

Informatik

die Grundlagen | für die Praxis | Schritt für Schritt

Heide Balzert
Basiswissen Web-Programmierung
XHTML, CSS, JavaScript, XML, PHP, JSP, ASP.NET, Ajax

Dieter Wißmann
JavaServer Pages, 2. Auflage
Dynamische Websites mit JSP erstellen

Heide Balzert
Webdesign & Web-Ergonomie
Websites professionell gestalten

Helmut Balzert
Java: Der Einstieg in die Programmierung, 2. Auflage
Strukturiert und prozedural programmieren

Helmut Balzert
Java 6: Objektorientiert programmieren
Vom objektorientierten Analysemodell bis zum objektorientierten Programm

Ergänzend zu vielen dieser Bände gibt es »Quick Reference Maps« zum Nachschlagen und Wiederholen:
UML 2, HTML & XHTML, CSS, JSP, SQL.

Zu allen diesen Bänden gibt es »E-Learning-Zertifikatskurse« unter www.W3L.de.

Heide Balzert

UML 2 in 5 Tagen

Der schnelle Einstieg in die
Objektorientierung

2. Auflage

W3L-Verlag | Herdecke | Witten

Autorin:
Prof. Dr. Heide Balzert
E-Mail: Heide.Balzert@W3L.de
http://www.W3L.de

Bibliografische Information der Deutschen Bibliothek:
Die Deutsche Bibliothek verzeichnet diese Publikation in der Deutschen Nationalbibliografie. Detaillierte bibliografische Daten sind im Internet über http://dnb.ddb.de/ abrufbar.

© 2009 W3L GmbH | Herdecke | Bochum | ISBN 978-3-86834-002-0

1. Auflage: Januar 2005
1. korrigierter Nachdruck: Juli 2006
2. Nachdruck: September 2007
2. Auflage: Januar 2009

Gesamtgestaltung: Prof. Dr. Heide Balzert, Herdecke

Herstellung: M.Sc. Kerstin Kohl, Dagmar Fraude, Witten

Satz: Das Buch wurde aus der E-Learning-Plattform W3L automatisch generiert. Der Satz erfolgte aus der Lucida, Lucida sans und Lucida casual.

Druck und Verarbeitung: buch bücher dd ag, Birkach

Vorwort

Dieses Buch ist für alle geschrieben, die einen einfachen und ergebnisorientierten Einstieg in die Objektorientierung suchen und wenig Zeit haben. Vorkenntnisse in der Objektorientierung und Programmierkenntnisse sind nicht erforderlich. Es wendet sich insbesondere an

- Systemanalytiker,
- Mitarbeiter in Fachabteilungen,
- IT-Manager,
- Wirtschaftsinformatiker,
- Fachinformatiker,
- Studierende, die sich ohne Kenntnisse in objektorientierten Programmiersprachen, wie Java, C# oder C++, in die Objektorientierung einarbeiten wollen,
- Klassische Entwickler, die einen praxisnahen und schnellen Zugang zur Objektorientierung suchen.

Vielleicht kennen Sie bereits mein Buch »Objektorientierung in 7 Tagen«. Es ist inzwischen ausverkauft und wird nicht wieder aufgelegt. Viele Leser haben mir geschrieben, wie gut sie das Buch beim Lernen unterstützt hat. Zahlreiche Lehrende setzen es in Veranstaltungen ein, in denen nur ein Einstieg in die Objektorientierung bzw. UML vermittelt werden soll. Ihre Zuschriften haben mich motiviert, dieses neue Buch zu schreiben, das in Vielem auf der »Objektorientierung in 7 Tagen« aufbaut, in einigen Teilen aber komplett überarbeitet wurde. Im Gegensatz zu seinem Vorgänger ist dieses Buch werkzeugneutral. Sie können die Diagramme mit ihrem bevorzugten UML-Werkzeug oder mit einem Zeichenprogramm erstellen. Der Vorgänger

Dieses Buch liegt nunmehr in der zweiten Auflage vor. Die UML wird kontinuierlich weiterentwickelt und lag bei Drucklegung der 2. Auflage in der offiziellen Version 2.1.2 vor. Für die zweite Auflage wurde das komplette Buch auf Einhaltung der UML 2.1.2 durchgesehen. Weiterhin habe ich mich dazu entschlossen, bei den Diagrammen zur Beschreibung des dynamischen Modells das Zustandsdiagramm hinzuzufügen. Außerdem wurden einige Textpassagen präzisiert und Schreibfehler korrigiert. Zur 2. Auflage

Warum Objekt-orientierung? Objektorientierung ist heute Stand der Technik in der Softwareentwicklung. Die Modellierungstechniken, Werkzeuge und Programmiersprachen sind ausgereift. Die Frage, die sich ein Unternehmen stellt, lautet also nicht mehr, ob Objektorientierung eingeführt wird, sondern wann und wie. In diesem Buch lernen Sie alle grundlegenden Konzepte der Objektorientierung vom Klassenbegriff bis zur Abbildung auf relationale Datenbanken kennen.

Warum UML 2? Die UML *(Unified Modeling Language)* wurde im Jahr 1995 erstmalig von ihren Erfindern Grady Booch und James Rumbaugh vorstellt. Seitdem hat sie einen einzigartigen Siegeszug unter den Modellierungstechniken angetreten und ist heute die Standard-Notation, um ein objektorientiertes Softwaresystem zu modellieren. Die UML hat seit ihren Anfängen eine intensive Überarbeitung erfahren und ist um viele Elemente erweitert worden. Im Jahr 2005 wurde die UML 2 verabschiedet. Sie bietet eine Vielzahl von Modellierungselementen, die einen Einsteiger jedoch völlig überfordern. Dieses Buch konzentriert sich daher auf die essentiellen Elemente der UML. Sie reichen aus, um einfache Problemstellungen zu modellieren und sich ein grundlegendes Verständnis der objektorientierten Konzepte zu erarbeiten.

Warum 5 Tage? Wann haben Sie zum letzten Mal ein ganzes Buch komplett durchgelesen? Wenn auch Sie zu denjenigen gehören, die immer viel zu wenig Zeit für die Weiterbildung haben, dann wissen Sie ein knappes Buch, das sich auf das Wichtigste konzentriert, sicher zu schätzen. In diesem Buch lernen und verstehen Sie in nur 5 Tagen die Grundlagen der Objektorientierung anhand eines durchgängigen Beispiels. Der Schwerpunkt liegt auf der Analysephase. Sie lernen die Basis-Elemente der wichtigsten UML-Diagramme kennen: Klassendiagramm, Paketdiagramm, Use-Case-Diagramm, Aktivitätsdiagramm, Sequenzdiagramm und Zustandsdiagramm.

learning by example Ich habe dieses Buch nach dem Prinzip *learning by example* konzipiert. Als Beispiel dient eine kleine, aber feine Auftragsbearbeitung. Starten Sie Ihr erstes UML-Projekt und arbeiten Sie dieses Beispiel Schritt für Schritt mit mir durch. Lernen Sie nicht nur die objektorientierten Konzepte und die UML-Notation, sondern diskutieren Sie mit mir Modellierungsalternativen und suchen nach der besten Problemlösung. Nach vier Tagen haben Sie die Auftragsbearbeitung erfolgreich analysiert und spezifiziert. Am fünften Tag lernen Sie die Basis-Techniken für Entwurf und Programmierung kennen.

Der Lehrstoff ist auf fünf Einheiten (Tage) verteilt:

1. Tag: Klassen – die Objektfabriken
2. Tag: Assoziationen – was Klassen verbindet
3. Tag: Strukturen – die Zukunftsinvestition
4. Tag: Use-Cases – Funktionalität für den Benutzer
5. Tag: Architekturen – der Blick hinter die Kulissen

Am ersten Tag lernen Sie Objekte, Klassen und Attribute kennen. Sie lernen, wie man aus Dokumenten Klassen ableitet und in der UML-Notation modelliert. Attribute werden durch Bilden geeigneter Datentypen, Eigenschaftswerte, Einschränkungen und Multiplizitäten spezifiziert. — 1. Tag

Am zweiten Tag ergänzen Sie die Klassen um Assoziationen und spezifizieren sie durch Multiplizitäten, Assoziations- und Rollennamen. Ein Sonderfall ist die Assoziationsklasse, die sich in normale Klassen auflösen lässt. Aber auch einige Details zur Modellierung von Assoziationen werden angesprochen: Navigierbarkeit, Aggregation und Komposition, Eigenschaftswerte und Einschränkungen von Assoziationen. — 2. Tag

Objektorientierte Modellierung führt nicht automatisch zu einer guten Struktur, sondern sie muss erarbeitet werden. Von besonderer Bedeutung ist die Bildung geeigneter Generalisierungsstrukturen. Für größere Modelle sind Paketdiagramme wichtig. Häufig gibt es für ein Problem mehr als eine richtige Lösung. Gute Modellierung besteht letztendlich darin, in der Menge der korrekten Modelle die beste Variante zu erkennen. — 3. Tag

Jedes Softwaresystem ist ein Mittel zum Zweck, denn es soll dem Benutzer die Arbeit erleichtern. Nicht möglichst viele Funktionen sind das Ziel, sondern die optimale Unterstützung der Arbeitsabläufe. Die Modellierung der Funktionalität mit der UML-Notation ist Gegenstand des vierten Tages. — 4. Tag

Nach den ersten vier Tagen ist die Beispielanwendung aus fachlicher Sicht komplett erstellt. Auch wenn Sie »nur« für die Analyse bzw. das fachliche Konzept zuständig sind, sollten Sie wissen, wie es in Entwurf und Implementierung wei- — 5. Tag tergeht. Der Stand der Technik bei der objektorientierten Realisierung ist Thema des fünften Tages.

Englisch vs. deutsch

Ein Problem für Informatikbücher stellt die Verwendung englischer Begriffe dar. Da die Wissenschaftssprache der Informatik Englisch ist, gibt es für viele Begriffe – insbesondere in Spezialgebieten – keine oder noch keine geeigneten oder üblichen deutschen Fachbegriffe. In diesem Fall verwende ich englische Bezeichnungen. Sie sind kursiv gesetzt, um das Lesen von deutsch-englischen Sätzen zu erleichtern. Auf der anderen Seite gibt es jedoch für viele Bereiche der Informatik sowohl übliche als auch sinnvolle deutsche Bezeichnungen. Da mit einem Lehrbuch auch die Begriffswelt beeinflusst wird, bemühe ich mich in diesem Buch, solche deutschen Begriffe zu verwenden. Um dem Leser nach einem erfolgreichen Einstieg in die UML das Lesen englischsprachiger Literatur zu erleichtern, wird in Klammern und kursiv der englische Begriff hinter dem deutschen Begriff aufgeführt.

UML auf gut deutsch

Im Bereich der UML gibt es Bestrebungen, die UML einzudeutschen, damit sich Leser beim Arbeiten mit verschiedenen Büchern und Publikationen in Zeitschriften leichter tun. Die Liste »UML auf gut deutsch« gibt für viele Begriffe der UML eine deutsche Übersetzung an und wurde in diesem Buch konsequent verwendet.

Zum Aufbau des Buches

Dieses Buch besteht aus Kapiteln und Unterkapiteln. Jedes Unterkapitel ist im Zeitungsstil geschrieben. Am Anfang steht die Essenz, d. h. das Wesentliche. Es kann Ihnen zur Orientierung dienen – aber auch zur Wiederholung. Anschließend kommen die Details. Die Essenz ist grau hervorgehoben. Damit Sie referenzierte Seiten schnell finden, enthalten alle Querverweise absolute Seitenzahlen.

Lesbarkeit

Um eine gute Lesbarkeit zu erreichen wurden die Schrift Lucida und ein ausreichender Zeilenabstand gewählt.

Wichtiger Begriff, Glossarbegriff

Für dieses Lehrbuch habe ich sorgfältig überlegt, welche Begriffe eingeführt und definiert werden. Mein Ziel ist es, einerseits die Anzahl der Begriffe möglichst gering zu halten und andererseits alle wichtigen Begriffe einzuführen. Schwarzer Fettdruck kennzeichnet Glossarbegriffe. Ein vollständiges Glossarverzeichnis befindet sich am Buchende.

Grauer Fettdruck kennzeichnet Begriffe, die zwar wichtig, aber nicht im Glossar definiert sind.

Für jeden Tag hat Frau Diplom-Grafikdesignerin Corinna Lucke ein Leitbild entworfen, um Sie »spielerisch« auf den Stoff einzustimmen. Objektorientierung muss also keineswegs abstrakt sein. Ich möchte Frau Lucke hiermit ganz herzlich für ihre Geduld und ihr Engagement danken, die abstrakten Konzepte der Objektorientierung so ansprechend zu visualisieren. Neue Wege erfordern es, die gewohnten Bahnen zu verlassen. Um sich auf neue Ideen einzustimmen, beginne ich jeden Tag – auf der Rückseite des jeweiligen Tagesbildes – mit einer kleinen Denksportaufgabe, mit der Sie sich im »Querdenken« üben können. Die Lösung finden Sie immer am Ende des jeweiligen Tages.

Design und Denksport

Ergänzend zu diesem Buch gibt es den kostenlosen E-Learning-Kurs »UML 2 in 5 Tagen«, der zusätzlich zahlreiche Tests erhält, mit denen Sie Ihr Wissen überprüfen können. Sie finden den Kurs auf der Website www.W3L.de unter Akademie/Online-Kurse. Klicken Sie bei Erst-Kunde? auf den Link Zur W3L-Registrierung. Nach erfolgreicher Registrierung klicken Sie bitte bei TAN einlösen auf den Link Zur TAN-Einlösung und geben folgende Transaktionsnummer (TAN) ein: 2945233135.

Kostenloser E-Learning-Kurs

Ein Buch enthält trotz aller Anstrengungen immer noch Fehler und Verbesserungsmöglichkeiten. Kritik und Anregungen sind daher jederzeit willkommen. Über Erfahrungsberichte meiner Leser freue ich mich ganz besonders. Der W3L-Verlag hat daher ein Forum *Living Books* eingerichtet, auf dem die Autorin dieses Buches, das Expertennetzwerk von W3L und Leser-Experten Ihre Fragen beantworten: www.W3L-Living-Books.de.

Feedback

Bei der W3L GmbH entsteht ein Generatorsystem, das es ermöglicht, UML-Diagramme im Webbrowser zu erfassen und daraus automatisch lauffähige Web-Anwendungen zu generieren (siehe www.W3L.de, Stichwort: Janus). Wenn Sie über den aktuellen Stand unterrichtet werden wollen, dann senden Sie eine E-Mail an janus@W3L.de.

Janus 2.0

Wenn Sie sich nach dem erfolgreichen Durcharbeiten dieses Buchs vertieft mit der UML und der Objektorientierung beschäftigen wollen, dann empfehle ich Ihnen mein »Lehrbuch der Objektmodellierung« [Balz05]. Zum schnel-

Weiterführende Literatur

len Nachschlagen der UML-Syntax ist die von mir entwickelte Quick Reference Map »UML 2« ideal (ISBN 978-3937137-75-9). Sie ist sowohl für den Entwickler in der Praxis als auch für Studierende zur optimalen Klausurvorbereitung konzipiert.

Und nun wünsche ich Ihnen viel Spaß beim Lesen. Ich hoffe, dass dieses Buch eine kurzweilige und doch fundierte Einführung in die UML und die Objektorientierung für Sie darstellt.

Ihre

Inhalt

1

of the 1st day

Wie kann man acht Tage nicht schlafen
und trotzdem nicht müde sein?

1 Klassen – die Objektfabriken

Objekte und Klassen sind die beiden wichtigsten Konzepte der Objektorientierung. Das Konzept der Objekte hat der Entwicklungsrichtung den Namen gegeben. <u>Klassen definieren die gemeinsamen Eigenschaften ihrer Objekte.</u> Dazu gehören unter anderem die Attribute. Das Ziel dieses Kapitels ist es, dass Sie sich die Konzepte Objekte, Klassen und Attribute einfach erarbeiten können:

- »Der Einstieg – dieser Anfang ist leicht«, S. 3
- »Objekte – die Basis von allem«, S. 8
- »Klassen – Schablonen für Objekte«, S. 11
- »Attribute – die objektorientierten Datenfelder«, S. 15

Grundlage dieser Einführung ist das durchgängige Beispiel einer Auftragsbearbeitung.

1.1 Der Einstieg – dieser Anfang ist leicht

Die objektorientierte Softwareentwicklung begann in den 80er Jahren und gilt als Stand der Technik in der Softwareentwicklung. Die UML *(Unified Modeling Language)* entstand als Synthese verschiedener Modellierungstechniken und gilt heute als Standard für objektorientiertes Modellieren in Analyse und Entwurf.

Dieses Buch soll Sie in die objektorientierte Modellierung mit der UML 2 einführen. Um für Sie das Erarbeiten des Lehrstoffs einfach und effektiv zu gestalten, folgt es dem bewährten Prinzip *learning by example*.

Als durchgängiges Beispiel habe ich die Modellierung einer einfachen Auftragsbearbeitung – kurz *Shop* genannt – gewählt. Der *Shop* bietet eine Reihe von Artikeln an. Kunden können einen oder mehrere Artikel per Fax, Telefon oder per Post bestellen. Eingehende Kundenbestellungen werden erfasst und es wird eine Rechnung ausgedruckt. Kunden können per Kreditkarte bezahlen. Alle Bestellungen bleiben im System gespeichert. Mit dieser Problemstellung ist eigentlich jeder vertraut und Sie können daran alle Konzepte der Objektorientierung erlernen.

Problembeschreibung *Shop*

OOA-Modell –
fachliche
Beschreibung in
OO-Notation

Die Zielsetzung dieses Buchs ist es, für diese Problemstellung das **OOA-Modell** zu entwickeln. Das Akronym »OOA« steht für **objektorientierte Analyse**. Dieses Modell beschreibt bei der **objektorientierten Softwareentwicklung** die fachliche Lösung des zu realisierenden Systems. Bei einer konventionellen **Analyse** werden die Anforderungen an ein neues System oft in umgangssprachlicher Form beschrieben. Dann ist es jedoch äußerst schwierig, Anforderungen vollständig, widerspruchsfrei, eindeutig, präzise und auch noch verständlich zu beschreiben. Die objektorientierte Analyse bietet hier einen wesentlich verbesserten Ansatz. Als **Notation** wird die **UML** (*Unified Modeling Language*) verwendet. Aus dem OOA-Modell wird im nächsten Schritt durch Hinzufügen von Benutzungsoberfläche und Datenhaltung das OOD-Modell entwickelt, das dann in einer objektorientierten Programmiersprache implementiert wird (Abb. 1.1-1). Näheres zur Abgrenzung von Analyse und Entwurf finden Sie im Kapitel »Analyse und Entwurf – die fachliche und die technische Lösung«, S. 109.

UML –
OO-Notation

Betrachten Sie zunächst einen beliebigen Kunden des neuen *Shops*. Für jeden Kunden sind bestimmte Daten zu speichern. Für die UML-Modellierung interessieren jedoch *nicht* die einzelnen Kundenobjekte, sondern die zu verwaltenden Kunden sollen ganz abstrakt beschrieben werden. Dazu dient das Konzept der Klasse. Die Kundenobjekte in der Abb. 1.1-2 besitzen die gleichen Attribute, jedoch unterschiedliche Werte. Attribute benennen die Datenfelder einer Klasse. Die Objekte der Abb. 1.1-2 besitzen beispielsweise die Attribute Geschlecht, Frisur und Haarfarbe. Bei der Spezifikation der Klasse ist für jedes Attribut dessen Typ anzugeben, der die zulässigen Attributwerte definiert.

Objektorientierung im Rückblick – was bisher geschah

OOP – Objektorientierte
Programmierung

Die objektorientierte Softwareentwicklung fand ihren Anfang mit der objektorientierten Programmiersprache Smalltalk-80. Sie wurde in den Jahren 1970 bis 1980 am *Palo Alto Research Center* (PARC) der Firma *Xerox* entwickelt. Das Klassenkonzept wurde von der Programmiersprache Simula-67 übernommen und weiterentwickelt. Zu Beginn der 90er-

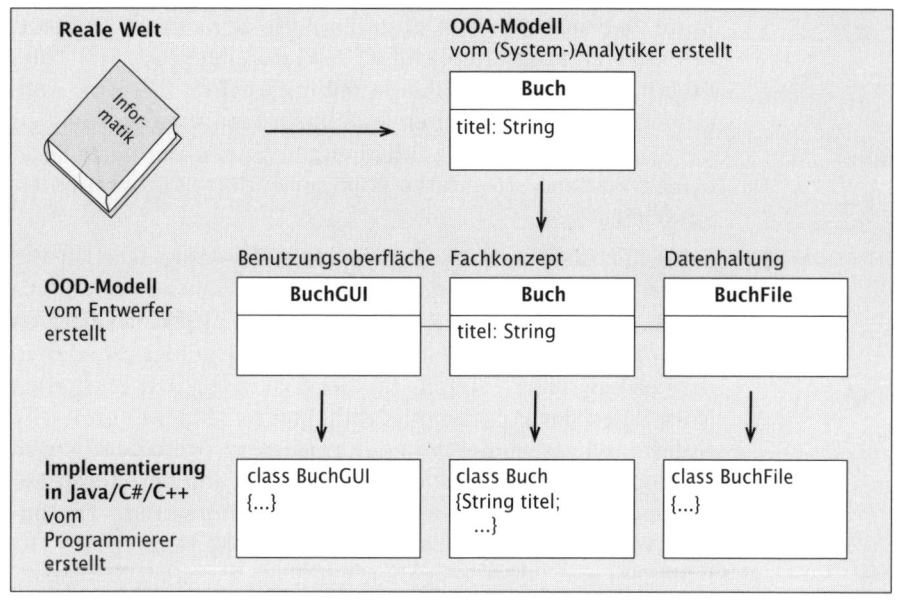

Abb. 1.1-1: Aus der realen Welt wird das OOA-Modell abgeleitet, das in ein OOD-Modell übergeführt und in einer objektorientierten Programmiersprache implementiert wird.

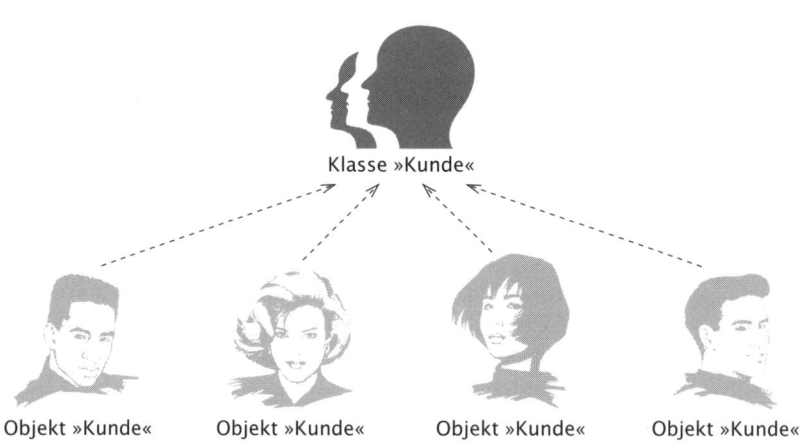

Abb. 1.1-2: Klasse Kunde und 4 Objekte der Klasse.

Jahre hat sich C++ als dominierende Sprache der objektorientierten Programmierung (OOP) durchgesetzt. Seit 1996 nimmt Java eine signifikante Stellung neben C++ ein, während Smalltalk im gleichen Maß zurückgedrängt wurde. Seit der Jahrtausendwende zählt auch die objektorientierte Sprache C# zu den verbreiteten objektorientierten Programmiersprachen.

OOA/OOD

Ende der 80er- und zu Beginn der 90er-Jahre wurden die ersten Bücher über Methoden der objektorientierten Analyse (OOA, *Object Oriented Analysis)* und des objektorientierten Entwurfs (OOD, *Object Oriented Design)* publiziert, denen inzwischen viele folgten. Im Gegensatz zu den textuellen Notationen der Programmiersprachen werden hier grafische Notationen verwendet. Von den zahlreichen veröffentlichten Methoden wurden jedoch nur wenige von einer größeren Anzahl von Softwareentwicklern weltweit angewandt. Die Bücher von [Booc94], [CoYo91], [CoYo91a], [JCJ+92], [RBP+91], [ShMe88] und [ShMe92] gelten heute als Klassiker der objektorientierten Modellierung.

UML – Standard für objektorientierte Modellierung

Die führenden Methodenspezialisten Grady Booch, Jim Rumbaugh und Ivar Jacobson haben sich bei der Rational Software Corporation (heute IBM) zusammengeschlossen, um ihre erfolgreichen Methoden zu einem einheitlichen Industriestandard weiterzuentwickeln. Es entstand die **UML** (*Unified Modeling Language*), die heute der Standard für objektorientierte Notationen ist. Die UML ist eine grafische Notation für die Erstellung objektorientierter Modelle, die unabhängig von einer Programmiersprache dargestellt werden. Sie wird von vielen Werkzeugen unterstützt und hat alle früheren objektorientierten Notationen verdrängt.

Die Geschichte der UML

Die Entwicklung der UML war sehr hektisch und es werden zahlreiche Versionen in der Literatur genannt. Mit dem folgenden kurzen Abriss möchte ich ein wenig Transparenz in diese Entwicklung bringen.

3 Amigos

Die Geschichte der UML beginnt im Oktober 1994. Grady Booch und Jim Rumbaugh setzten sich das Ziel, einen einheitlichen Industriestandard für die objektorientierte Modellierung zu schaffen. Es entstand zunächst der Vorgänger der UML *(Unified Modeling Language)*, der unter dem Namen **Unified Method** 0.8 [BoRu95] im Oktober 1995 publiziert wurde. Seit Herbst 1995 wirkte auch Ivar Jacobson an der Entwicklung der UML mit und integrierte seine OOSE-Methode in die UML. Man sprach daher von den drei »Amigos«. Im Juni 1996 wurde die **UML 0.9** veröffentlicht.

Seit 1996 sind auch mehrere Partner-Firmen an der Definition der UML beteiligt. Die **UML 1.0** wurde im Januar 1997 verabschiedet und der OMG *(Object Management Group)* zur Standardisierung vorgelegt. Zur selben Zeit wurde die Gruppe der Partner-Firmen erweitert. Es entstand die Version 1.1 der UML, die der OMG im Juli 1997 zur Standardisierung vorgelegt wurde. Im September 1997 wurde diese Version von der *OMG Analysis and Design Task Force* und dem *OMG Architecture Board* akzeptiert. Im November 1997 wurde schließlich die **UML 1.1** von der OMG als Standard verabschiedet.

Plus Partner

Die Weiterentwicklung der UML wurde an die OMG übertragen. Im Juli 1998 wurde die **UML 1.2** intern freigegeben. Alle Änderungen waren rein redaktionell und hatten keine Auswirkungen auf den technischen Inhalt. Im Juni 1999 verabschiedete die OMG die **UML 1.3**. Wichtige Verbesserungen waren die Beseitigung von Inkonsistenzen zwischen verschiedenen Dokumenten. Außerdem wurden Definitionen und Erklärungen präziser beschrieben. Auch inhaltlich wurden geringfügige Änderungen vorgenommen. Im Mai 2002 erschien die **UML 1.4**, die kleinere Verbesserungen und einige Erweiterungen enthielt. Auch die **UML 1.5**, die im März 2003 veröffentlicht wurde, enthielt kleinere Korrekturen.

OMG-Standard

Eine umfangreiche Überarbeitung führte zur **UML 2.0**, die gegenüber den Versionen 1.x wesentliche Erweiterungen und Verbesserungen enthält. Das betrifft beispielsweise die Aktivitäts- und Sequenzdiagramme. Außerdem wurde das Metamodell, d. h. das UML-Modell zur Spezifikation der UML, vollständig überarbeitet. Auch die *Model Driven Architecture* (MDA) wurde in der UML 2.0 erheblich stärker umgesetzt, als dies in früheren Versionen der Fall war. Die ersten Dokumente der UML 2.0 wurden von der OMG im August 2003 veröffentlicht. Die offizielle Freigabe der UML 2.0 erfolgte im Juli 2005. Im August 2007 wurde die UML 2.1.1 und im November 2007 die UML 2.1.2 freigegeben. Diese UML-Versi-

UML 2.0

on, auf die sich auch dieses Buch bezieht, ist im Dokument [UML07] beschrieben.

1.2 Objekte – die Basis von allem

Die Objekte haben der objektorientierten Softwareentwicklung den Namen gegeben. Ein Objekt besitzt einen bestimmten Zustand und reagiert mit einem definierten Verhalten auf seine Umgebung. Außerdem besitzt jedes Objekt eine Identität, die es von allen anderen Objekten unterscheidet.

Objekt – Synthese von Daten und Funktionen

Im allgemeinen Sprachgebrauch ist ein Objekt ein Gegenstand des Interesses, insbesondere einer Beobachtung, Untersuchung oder Messung. Objekte können Dinge (z. B. Fahrrad, Büro), Personen (z. B. Kunde, Mitarbeiter) oder Begriffe (z. B. Programmiersprache, Krankheit) sein. In der objektorientierten Softwareentwicklung besitzt ein **Objekt** (*object*) einen bestimmten Zustand und reagiert mit einem definierten Verhalten auf seine Umgebung. Außerdem besitzt jedes Objekt eine Identität, die es von allen anderen Objekten unterscheidet. Der Zustand (*state*) eines Objekts wird durch die Attributwerte beschrieben. Das Verhalten (*behavior*) eines Objekts wird durch seine Operationen (*operations*) oder Methoden (*methods*) festgelegt.

Notation Objekt

Ein Objekt wird als Rechteck dargestellt (Abb. 1.2-1), das in zwei Felder aufgeteilt werden kann. Im oberen Feld wird das Objekt wie in der Tab. 1.2-1 bezeichnet. Die Bezeichnung eines Objekts wird *immer unterstrichen.* Anonyme Objekte verwendet man, wenn es sich um irgendein Objekt der Klasse handelt. Objektnamen dienen dazu, ein bestimmtes Objekt der Klasse für den UML-Modellierer zu benennen.

objekt: Klasse
attribut1 = Wert1 attribut2 = Wert2

objekt
:Klasse

Abb. 1.2-1: Notation von Objekten.

Im unteren Feld eines Objekts werden – optional – die im jeweiligen Kontext relevanten Attribute eingetragen. Attri-

UML-Notation	Erklärung
:Klasse	Bei einem anonymen Objekt wird nur der Klassenname angegeben.
objekt:Klasse	Wenn das Objekt über einen Namen angesprochen werden soll.
objekt	Wenn der Objektname ausreicht, um das Objekt zu identifizieren und der Name der Klasse aus dem Kontext ersichtlich ist.

Tab. 1.2-1: Benennung von Objekten.

butnamen beginnen nach den Empfehlungen *(style guidelines)* der UML mit einem Kleinbuchstaben. Die Operationen, die ein Objekt ausführen kann, werden *nicht* angegeben. Die Tab. 1.2-2 zeigt wie Attribute und ihre Werte spezifiziert werden können.

UML-Notation	Erklärung
attribut : Typ = Wert	Vollständige Spezifikation
attribut = Wert	Empfehlenswert, da der Typ bereits bei der Klasse definiert ist und diese Angabe daher redundant ist.
attribut	Sinnvoll, wenn der Wert des Attributs nicht von Interesse ist.

Tab. 1.2-2: Spezifikation der Attribute in einem Objekt.

Objekte werden in **Objektdiagrammen** *(object diagrams)* dargestellt. Das von der Klasse Kunde »fabrizierte Objekt« Dr. Hans Müller der Kundenverwaltung wird in der UML wie in Abb. 1.2-2 modelliert. Für diesen Kunden werden der Name, die E-Mail-Adresse und die Telefonnummer festgehalten. Objektdiagramme beschreiben den Zustand des Systems zu einem bestimmten Zeitpunkt. Man spricht daher auch von Schnappschüssen.

Objekt-diagramm

Zustand und Verhalten eines Objekts bilden eine Einheit. Man sagt auch: Ein Objekt kapselt Zustand (Daten) und Verhalten (Operationen). Die Daten eines Objekts können nur mithilfe der Operationen gelesen und geändert werden. Das bedeutet, dass die Repräsentation dieser Daten nach au-

Datenkapsel und Geheimnisprinzip

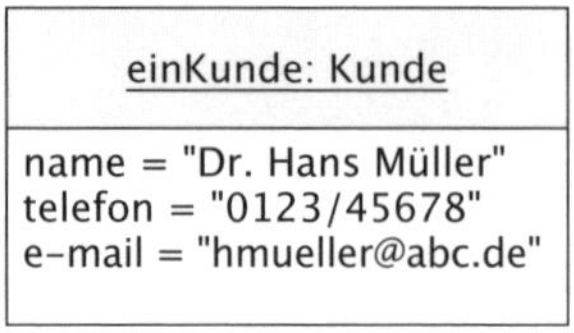

einKunde: Kunde
name = "Dr. Hans Müller"
telefon = "0123/45678"
e-mail = "hmueller@abc.de"

Abb. 1.2-2: Objekt `Dr.Hans Müller` in UML-Notation.

ßen verborgen sein soll. Dann realisiert ein Objekt das **Geheimnisprinzip** (*information hiding*). Abb. 1.2-3 symbolisiert das Geheimnisprinzip durch eine Kugel, deren Innenleben nach außen verborgen bleibt.

Objekt
Operation 1
Attribut-
werte
Operation 2

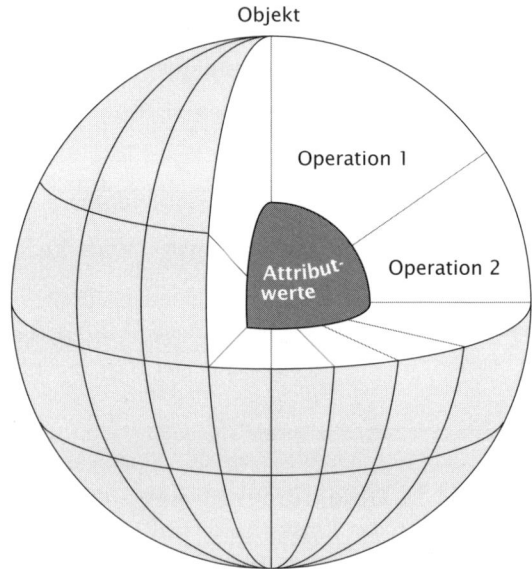

Abb. 1.2-3: Objekt realisiert das Geheimnisprinzip.

Objekt-identität – macht das Objekt zum Individuum

Die **Objektidentität** (*object identity*) ist die Eigenschaft, die ein Objekt von allen anderen Objekten unterscheidet. Sie stellt sicher, dass alle Objekte aufgrund ihrer Existenz unterscheidbar sind, auch wenn sie zufällig identische Attributwerte besitzen. Die Identität eines Objekts kann sich *nicht* ändern. Zwei Objekte können *nicht* dieselbe Identität besitzen. Besitzen zwei Objekte – mit unterschiedlichen Identitäten – dieselben Attributwerte, so spricht man von der **Gleichheit der Objekte**. Da die Objektidentität immer implizit vorhanden ist, muss sich der Systemanalytiker nicht darum kümmern. In der Implementierungsphase wird die Objektidentität durch einen Algorithmus realisiert, der Eindeutigkeit garantiert (z. B. ein Zeitstempel bestehend aus Datum und exakter Uhrzeit oder ein Zähler, der kontinuierlich erhöht wird).

Externe und interne Objekte sind leicht zu verwechseln. Externe Objekte – auch reale Objekte genannt – existieren in der realen Welt, während interne Objekte bzw. Softwareobjekte in einem Softwaresystem verwaltet werden. Betrachten Sie beispielsweise den realen Kunden »Müller«, der Bankgeschäfte erledigt. Herr Müller ist in seiner Freizeit ein begeisterter Golfspieler, eine Eigenschaft, die für die Modellierung des internen Objekts Müller in unserem Softwaresystem völlig uninteressant ist. Wird aus dem externen Objekt das interne Objekt abgeleitet, so muss man die für das jeweilige Modell (hier: Bankgeschäfte) relevanten Eigenschaften abstrahieren. Soll dagegen ein Golfturnier modelliert werden, so sind sicher andere Eigenschaften interessant. Beim Übergang von der realen Welt ins OOA-Modell tritt folgender Effekt auf: In der realen Welt sind Objekte aktiv (z. B. Herr Müller schickt Überweisungsaufträge an die Bank). Im OOA-Modell sind die entsprechenden (internen) Objekte passiv (z. B. werden über den Kunden Müller Daten und Vorgänge gespeichert).

Externes Objekt: in der realen Welt, internes Objekt: im Softwaresystem

Die Begriffe *instance*, *class instance* und Exemplar werden synonym für den Begriff Objekt (*object*) gebraucht. Der Begriff »Instanz«, der in der deutschen Literatur häufig verwendet wird, ist ein Anglizismus, der auf einer fehlerhaften Übersetzung von *instance* beruht.

Verwandte Begriffe

1.3 Klassen – Schablonen für Objekte

Zum Erstellen von OOA-Modellen sind die Klassen von besonderer Bedeutung. Eine Klasse definiert für eine Kollektion von Objekten deren Struktur (Attribute), Verhalten (Operationen) und Beziehungen (Assoziationen). Klassen bilden eine Schablone für die Erzeugung von Objekten und werden in Klassendiagrammen dargestellt. Mit dem Verfahren

instance = Teil, beispiel

der Dokumentanalyse kann man die richtigen Klassen für eine Problemstellung identifizieren.

Klasse –
Schablone für
ihre Objekte

Eine **Klasse** definiert für eine Kollektion von Objekten deren Eigenschaften und Verhalten. Die Eigenschaften einer Klasse werden durch Attribute und Assoziationen beschrieben. Das Verhalten (*behavior*) einer Klasse wird durch die Nachrichten beschrieben, auf die diese Klasse bzw. deren Objekte reagieren können. Im einfachsten Fall aktiviert jede Nachricht eine Operation gleichen Namens.

Objekte und Klassen besitzen viele Ähnlichkeiten und können daher leicht verwechselt werden. Objekte repräsentieren die konkreten Daten, die später von der Anwendung verwaltet werden. Klassen sind dagegen in der Modellierung wichtig. Sie definieren Schablonen für die Erzeugung von Objekten. Jedes erzeugte Objekt gehört zu genau einer Klasse. In einem OOA-Modell können Sie mit der Vorstellung arbeiten, dass eine Klasse ihre Objekte erzeugen kann (*object factory*). Bei der späteren Ausführung Ihres Programms erfolgt die Objekterzeugung natürlich durch die Laufzeitumgebung.

Notation Klasse

Für die Darstellung von Klassen gibt es verschiedene Möglichkeiten (Abb. 1.3-1). Die entsprechenden Kurzformen werden verwendet, wenn die fehlenden Details unwichtig sind oder in einem anderen Klassendiagramm definiert sind. Der Klassenname wird nach den *Style Guidelines* der UML fettgedruckt, zentriert dargestellt und beginnt mit einem Großbuchstaben. Als Klassenname wird im Allgemeinen ein Substantiv im Singular (z. B. Kunde und *nicht* Kunden) gewählt.

Klassen-
diagramm

Die Klassensymbole werden zusammen mit weiteren Symbolen in das **Klassendiagramm** (*class diagram*) eingetragen. Bei großen Systemen ist es notwendig, mehrere Klassendiagramme zu erstellen.

Klassen-
extension –
Menge aller
Objekte einer
Klasse

Verwechseln Sie nicht die Klasse und die Menge aller Objekte dieser Klasse (*extent*). Eine Klasse ist eine Abstraktion, die Gemeinsamkeiten von Objekten und Regeln zu ihrer Erzeugung festlegt. Die Menge aller Objekte – die **Klassenextension** – ist dagegen einfach eine Ansammlung aller Objekte einer Klasse.

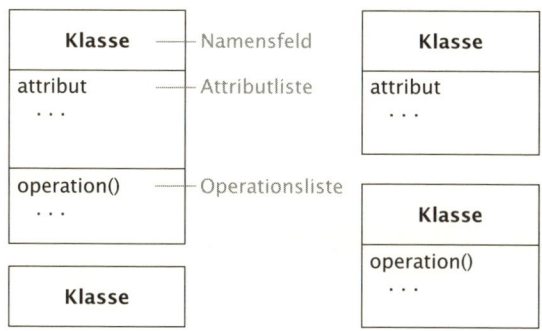

Abb. 1.3-1: Notation von Klassen.

Wie findet man die richtigen Klassen?

Abb. 1.3-2 und Abb. 1.3-3 zeigen ein Fax-Bestellformular und eine Rechnung unseres *Shops*, aus denen die notwendigen Klassen abgeleitet werden können. Dieses Verfahren wird als **Dokumentanalyse** bezeichnet und lässt sich bei vielen Anwendungen gut einsetzen. In diesem ersten Schritt der Modellierung geht es *nicht* um die vollständige Darstellung aller Daten (Attribute), sondern darum, einige Klassen zu identifizieren. — Methode

Aus dem Formular der Fax-Bestellung (Abb. 1.3-2) kann die bereits bekannte Klasse Kunde entnommen werden. Sie besitzt zunächst die Attribute nummer, name, telefon, fax und e-mail. Später wird noch die Adresse hinzugefügt. — Klasse Kunde

Aus dem Rechnungsformular (Abb. 1.3-3) lässt sich die Klasse Auftrag mit den Attributen nummer, bestelldatum, rechnungsdatum und bearbeiter ableiten. Warum heißt diese Klasse eigentlich Auftrag und nicht Bestellung oder Rechnung, was ja anhand der Dokumentanalyse nahe liegend wäre? Die Modellierung der Klassen erfolgt aus Sicht des »Verkäufers« im *Shop*. Für ihn handelt es sich um einen Auftrag, der für einen Kunden ausgeführt wird. Aus Sicht des Kunden liegt eine Bestellung vor. Im *Shop* werden alle zu bearbeitenden Aufträge gespeichert. Für jeden Auftrag wird eine Rechnung erstellt. Während der Auftrag die im System zu speichernden Daten enthält, kann die Rechnung aus diesen Daten erzeugt werden, ist also ein reines Ausgabedokument. Die Attribute modellieren immer die zu verwaltenden Daten. Das Erstellen — Klasse Auftrag

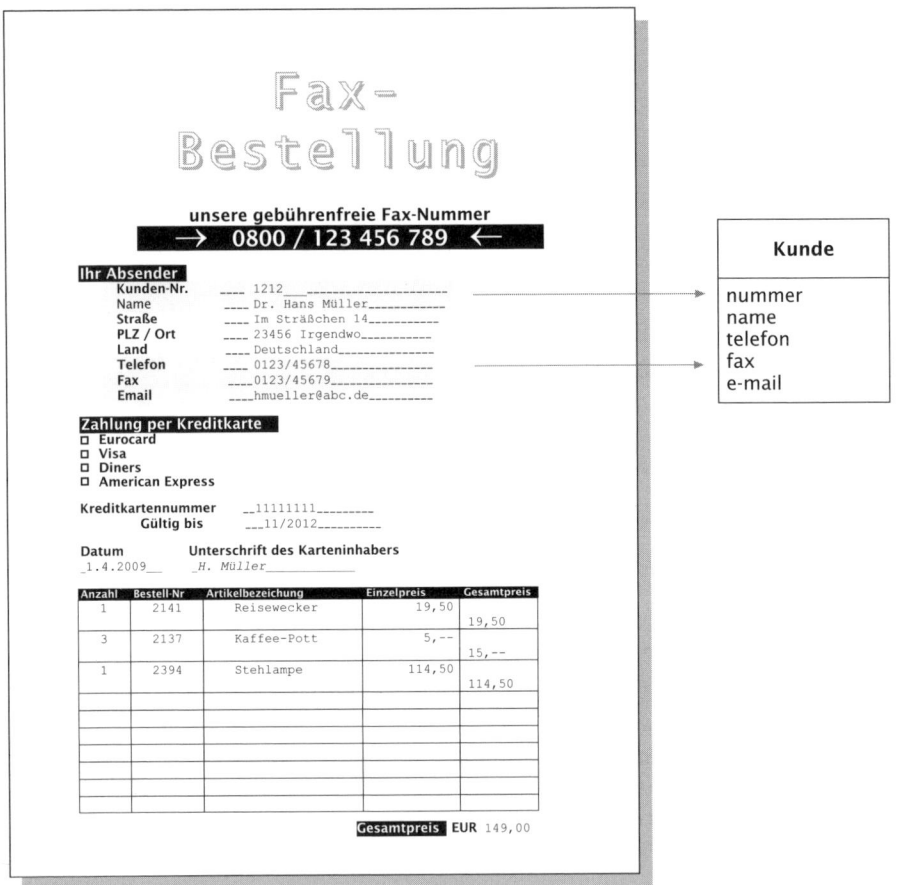

Abb. 1.3-2: Formular zur Fax-Bestellung.

der Rechnung wird durch eine – später noch einzuführen-
de – Operation der Klasse Auftrag durchgeführt.

Klasse Artikel   Aus der Rechnung (Abb. 1.3-3) kann außerdem die Klasse
Artikel mit den Attributen nummer, bezeichnung und preis ge-
wonnen werden.

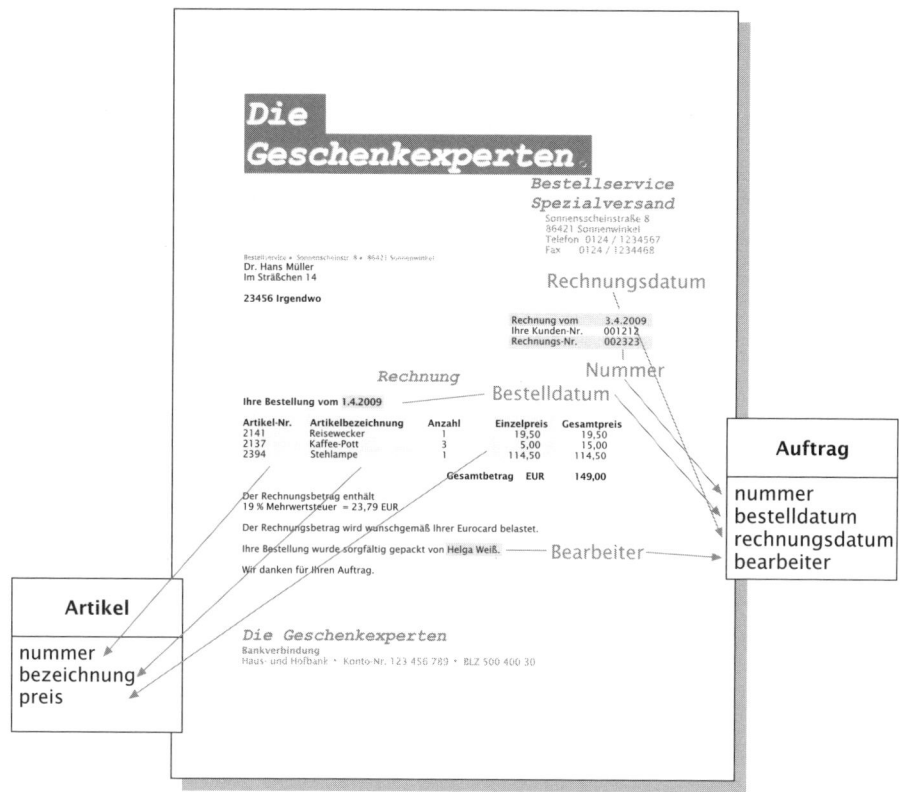

Abb. 1.3-3: Rechnung.

1.4 Attribute – die objektorientierten Datenfelder

Die Attribute beschreiben die Daten, die von den Objekten einer Klasse angenommen werden können. Jedes Attribut ist von einem bestimmten Typ. Für eine vollständige Attributspezifikation sind außerdem Angaben zu Multiplizität, Eigenschaftswerten und Einschränkungen notwendig.

Die **Attribute** beschreiben die Daten, die von den Objekten einer Klasse angenommen werden können. Alle Objekte einer Klasse besitzen dieselben Attribute, jedoch unterschiedliche Attributwerte.

Attribut –
objekt-
orientiertes
Datenfeld

Notation
Attribut

Die wichtigsten Informationen für ein Attribut sind der Name und der Typ (Abb. 1.4-1). Auf Klassenattribute und abgeleitete Attribute gehe ich später in diesem Baustein ein. Der Attributname muss nur innerhalb einer Klasse eindeutig sein.

Klasse
attribut1: Typ attribut2: Typ klassenattribut: Typ /abgeleitetes Attribut: Typ

Abb. 1.4-1: Notation für Attribute.

Attributname

Der Attributname beginnt nach den *Style Guidelines* der UML typischerweise mit einem Kleinbuchstaben. Bei Sprachen, die Groß-/Kleinschreibung unterscheiden, darf er auch mit einem Großbuchstaben beginnen. Besteht ein Attributname aus mehreren Wörtern, dann empfiehlt die UML die sogenannte Kamelhöcker-Notation. Bei dieser Notation beginnt jedes neue Wort – außer dem ersten – mit einem Großbuchstaben. Bei der objektorientierten Analyse ist es – im Gegensatz zum Entwurf und zur Programmierung – üblich, beliebige Zeichen in den Attributnamen zu verwenden. Gültige Attributnamen sind beispielsweise:

- gültigeNummer
- gültige Nummer
- e-mail

Attributtyp

Der **Typ** eines Attributs kann in der UML modelliert werden durch:

- Datentypen,
- primitive Datentypen,
- Aufzählungstypen und
- Klassen.

Datentyp – ohne
Identität

Ein **Datentyp** besitzt eine gewisse Ähnlichkeit mit einer Klasse. Die Exemplare eines Datentyps besitzen jedoch *keine* Identität. Das ist der wesentliche Unterschied zu Klassen, deren Objekte stets eine Objektidentität haben. Die nicht vorhandene Objektidentität hat zur Folge, dass Exemplare eines Datentyps nur über ihre Werte referenziert werden können. Datentypen dürfen wie Klassen Attribute und Operationen besitzen. Für die Darstellung des Datentyps wird das Klassensymbol verwendet und mit dem Schlüsselwort «datatype» gekennzeichnet.

Datentypen werden oft dafür verwendet, Strukturen zu beschreiben. Ein **strukturierter Typ** setzt sich aus mehreren, unterschiedlichen Typen zusammen. Das Fax-Formular enthält beispielsweise für jeden Kunden die Angaben zu Straße, PLZ, Ort und Land. Diese Daten werden in der Datenstruktur Adresse zusammengefasst (Abb. 1.4-2). In der Klasse Kunde werden dann die einzelnen Attribute durch das Attribut adresse vom Typ Adresse ersetzt (siehe Abb. 1.4-6).

Datenstruktur – bündelt Attribute

| «datatype» |
| **Adresse** |
| straße: String
plz: String
ort: String
land: Land |

Abb. 1.4-2: Zusammenfassen von Adressdaten in einem strukturierten Datentyp.

Primitive Datentypen sind in der UML spezielle Datentypen, die keine Struktur besitzen. Sie werden ebenfalls in der Klassennotation modelliert und mit dem Schlüsselwort «primitive» gekennzeichnet. In der UML sind die folgenden vier primitiven Datentypen definiert und weitere dürfen durch den UML-Modellierer definiert werden:

Primitiver Datentyp – ohne Struktur

- ☐ String (Zeichenkette)
- ☐ Integer (ganze Zahlen)
- ☐ UnlimitedNatural (natürliche Zahlen)
- ☐ Boolean (kann die Werte true und false annehmen)

Ein **Aufzählungstyp** (*enumeration type*) liegt vor, wenn ein Attribut nur diskrete Werte – d. h. die aufgezählten Werte – annehmen kann. Auch für die Modellierung dieses Typs kann das Symbol der Klasse verwendet werden. In der Abb. 1.4-3 wird modelliert, dass ein Land einen der angegebenen Werte annehmen kann. Die Bezeichnung «enumeration» gibt an, dass es sich um einen Aufzählungstyp handelt. Die Werte des Aufzählungstyps werden als Attribute – stets ohne Typangaben – eingetragen.

Aufzählungstyp – diskrete Attributwerte

```
«enumeration»
Land

Belgien
Deutschland
Finnland
Frankreich
Großbritannien
Schweden
Schweiz
Spanien
USA
```

Abb. 1.4-3: Modellierung der Länder als Aufzählungstyp.

Datentypen wieder- verwenden

Die Bildung geeigneter Datentypen besitzt den Vorteil, dass diese Typen später problemlos wiederverwendet werden können. Beispielsweise werden für dieses Buch die Daten- typen der Abb. 1.4-4 standardmäßig definiert. Sie können dann beim Modellieren weiterer Klassen für den *Shop* ein- fach wiederverwendet werden und müssen nicht mehr neu modelliert werden.

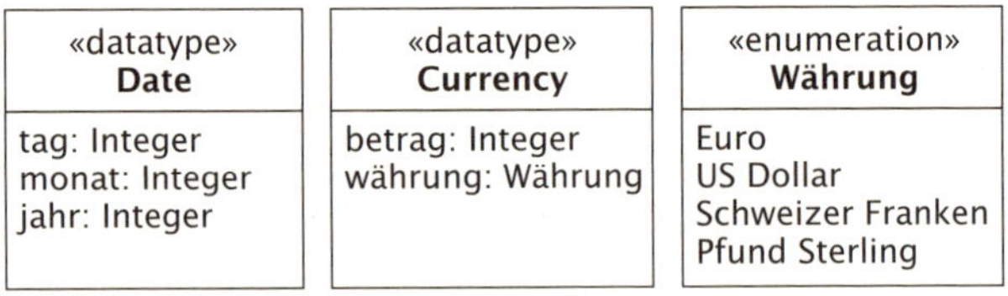

```
«datatype»         «datatype»         «enumeration»
Date               Currency           Währung

tag: Integer       betrag: Integer    Euro
monat: Integer     währung: Währung   US Dollar
jahr: Integer                         Schweizer Franken
                                      Pfund Sterling
```

Abb. 1.4-4: Strukturierte Datentypen Date und Currency werden wiederver- wendet.

Stereotyp – erweitert Semantik

Bei der Definition der oben beschriebenen Datentypen wird das Konzept des **Stereotypen** (*stereotype*) verwendet. Es er- möglicht, existierende Modellelemente mit einer neuen Se- mantik zu versehen. Beispielsweise gibt der Stereotyp «enu- meration» an, dass zwar das Klassensymbol verwendet wird, es sich aber nicht um eine »normale« Klasse handelt, son- dern dass das Klassensymbol zur Spezifikation eines Auf- zählungstyps verwendet wird.

Datentypen spezifizieren – Klassen modellieren

Es ist nicht immer einfach zu entscheiden, ob Informationen durch ein Attribut oder eine Klasse modelliert werden. At- tribute beschreiben die Eigenschaften der Klassen und wer- den durch Attributtypen definiert. Klassen modellieren da- gegen den Problembereich auf einer höheren Abstraktionsebene (*problem domain classes*). Bei umfangreicheren Modellen sollten die Datentypen in einem separaten Klassendiagramm dokumentiert werden. Sie werden – in Abhängigkeit von der jeweiligen Anwendung – einmal definiert und bei jedem Projekt wiederverwendet. Konflikte mit Attributnamen treten nicht auf, da Attributnamen mit einem Kleinbuchstaben und Typnamen im Allgemeinen mit einem Großbuchstaben beginnen.

Optional kann für jedes Attribut ein **Anfangswert** oder Startwert (*initial value*) angegeben werden. Er legt fest, welchen Wert ein neu erzeugtes Objekt für dieses Attribut annimmt. Bei dem *Shop* geben die meisten Kunden eine Adresse innerhalb Deutschlands an. Daher ist es praktisch, wenn für das Attribut land als Anfangswert Deutschland voreingestellt wird (Abb. 1.4-5). Bei einem Anfangswert kann es sich wie hier um eine Konstante handeln oder er kann aus anderen Attributwerten berechnet werden.

Anfangswert – initialisiert Attribut

«datatype»
Adresse
straße: String plz: String ort: String land: Land = Deutschland

Abb. 1.4-5: Anfangswert als Voreinstellung.

Abb. 1.4-6 zeigt die erste Version des Klassendiagramms für den *Shop*, das zunächst nur Klassen und Datentypen enthält.

Erstes Klassendiagramm Shop

Die Informationen über die Kreditkarte wurden in der Klasse Auftrag eingetragen. Dann muss der Kunde bei jeder neuen Bestellung diese Daten angeben oder der Bearbeiter muss die Daten aus früher erfassten Aufträgen entnehmen. Eine andere Möglichkeit besteht darin, diese Daten in der Klasse Kunde zu speichern. In diesem Fall werden alle eingehenden Bestellungen automatisch mit dieser Karte abgerechnet. Diese Art der Modellierung wird hier jedoch nicht weiter betrachtet.

Modellierungsalternativen

Zusätzlich zu den beschriebenen (Objekt-)Attributen sind manchmal Klassenattribute notwendig. Ein **Klassenattribut** liegt vor, wenn nur ein Attribut für alle Objekte einer

Klassenattribut – ein Attribut für alle Objekte

Kunde	Auftrag	Artikel
nummer: Integer name: String telefon: String fax: String e-mail: String adresse: Adresse	nummer: Integer bestelldatum: Date rechnungsdatum: Date bearbeiter: String kreditkarte: Kreditkarte	nummer: Integer bezeichnung: String preis: Currency

«enumeration» Land	«datatype» Adresse	«datatype» Kreditkarte	«enumeration» Karte
Belgien Deutschland Finnland Frankreich Großbritannien Schweden Schweiz Spanien USA	straße: String plz: String ort: String land: Land = Deutschland	karte: Karte = Eurocard nummer: String gültigBis: String	Eurocard Visa Diners American Express

Abb. 1.4-6: Erstes Klassendiagramm mit Klassen und Datentypen.

Klasse existiert. Es existiert auch dann, wenn es zu einer Klasse – noch – keine Objekte gibt. Um die Klassenattribute von den (Objekt-) Attributen zu unterscheiden, werden sie in der UML unterstrichen. Für die Artikel des *Shops* soll der aktuelle Mehrwertsteuer-Satz festgehalten werden, wobei Sie davon ausgehen können, dass der *Shop* nur Artikel mit dem vollen Mehrwertsteuer-Satz vertreibt, der bei Drucklegung dieses Buchs 19 % beträgt. Da dieser Attributwert für alle Artikel gleich ist, wird die Mehrwertsteuer als Klassenattribut vom Typ Integer modelliert und gemäß UML durch Unterstreichen gekennzeichnet (Abb. 1.4-7).

Artikel	:Artikel
nummer: Integer bezeichnung: String preis: Currency <u>mwSt: Integer = 19</u>	nummer = 2137 bezeichnung = "Kaffee-Pott" preis = 10,00
	Objekt ohne Klassenattribut

Abb. 1.4-7: Klassenattribut der Klasse Artikel.

Der Wert eines **abgeleiteten Attributs** (*derived attribute*) kann jederzeit aus anderen Attributwerten berechnet werden. Wenn sich die ursprünglichen Werte ändern, ändert sich auch der Wert des abgeleiteten Attributs. Im Gegensatz dazu werden Anfangswerte nur einmal berechnet. Abgeleitete Attribute werden mit dem Präfix »/« gekennzeichnet (Abb. 1.4-8). Bei der späteren Realisierung darf ein abgeleitetes Attribut *nicht* direkt geändert werden. Außerdem wird es im Allgemeinen *nicht* in einer Datenbank gespeichert, sondern immer aktuell errechnet, damit die Konsistenz gewährleistet ist.

Abgeleitetes Attribut – Wert lässt sich berechnen

Artikel
nummer: Integer
bezeichnung: String
preis: Currency
/enthaltene MwSt: Currency
mwSt: Integer = 19

:Artikel
nummer = 2137
bezeichnung = "Kaffee-Pott"
preis = 10,00
enthaltene MwSt = 1,59

Abb. 1.4-8: Abgeleitetes Attribut der Klasse Artikel.

Sie können sich Attribute als Behälter vorstellen, die zu einem beliebigen Zeitpunkt keinen, einen oder mehrere Werte annehmen können. Dies wird in der UML durch die **Multiplizität** (*multiplicity*) definiert und in eckigen Klammern angegeben. Die Angabe [0..1] bedeutet, dass es sich um ein Attribut handelt, das einen (1!) Wert annehmen kann, aber nicht muss. Die Multiplizität [1] = [1..1] bedeutet, dass das Attribut genau einen Wert besitzt. Das bedeutet, dass dieser Wert beim Erzeugen eines Objekts der Klasse eingetragen werden muss. Die Angabe [1] darf auch fehlen, da diese Angabe die Voreinstellung bildet. Ist die Obergrenze der Multiplizität größer als 1, dann handelt es sich um ein Attribut, das aus mehreren Werten bestehen kann. Beispielsweise können folgende Multiplizitäten definiert werden:

Multiplizität – kein, ein oder viele Werte

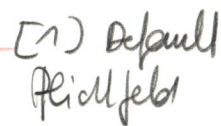

- nachname: String [1]: Der Nachname muss immer vorhanden sein (Pflichtattribut), identisch mit nachname: String.
- vorname: String [0..2]: Es können bis zu zwei Vornamen angegeben werden (optionales Attribut mit maximal 2 Werten).
- telefon: String [0..1]: Telefonnummer muss nicht angegeben werden (optionales Attribut).

- `telefon: String [*]`: Es können beliebig viele Telefonnummern angegeben werden, evtl. auch keine. Die Angabe `[*]` ist äquivalent zu `[0..*]`.
- `telefon: String [1..*]`: Es können beliebig viele Telefonnummern angegeben werden, mindestens jedoch eine.

In der Abb. 1.4-9 ist die Klasse Kunde um die Angaben zur Multiplizität erweitert. Ein Kunde kann maximal zwei Telefonnummern besitzen. Die Attribute fax und e-mail sind optional. Für Pflichtfelder, die genau einen Wert enthalten, ist *keine* Angabe nötig.

Kunde	:Kunde
nummer: Integer name: String telefon: String [0..2] fax: String [0..1] e-mail: String [0..1] adresse: Adresse	nummer = 1 name = "Dr. Hans Müller" telefon = ("0123/45678" , "0170/12345") fax = e-mail = "hmueller@abc.de" adresse = ("Im Sträßchen 14" , "23456 Irgendwo")

Abb. 1.4-9: Multiplizität für Attribute.

Eigenschaftswerte

Eigenschaftswerte (*property modifier*) spezifizieren, ob die Attribute bestimmte Eigenschaften oder Merkmale besitzen. Sie werden in geschweiften Klammern angegeben. Mehrere Eigenschaftswerte werden durch Kommata getrennt. Für Attribute bietet die UML beispielsweise folgende Eigenschaftswerte:

- `{readOnly}`: Das Attribut darf *nicht* verändert werden, nachdem es einen Wert erhalten hat.
- `{ordered}`: Besteht das Attribut aus mehreren Werten, dann wird dadurch definiert, dass sie geordnet sind. Besteht das Attribut nur aus einem Wert, dann hat diese Angabe keine Wirkung.

Es ist praktisch, sich weitere Eigenschaftswerte zu definieren:

- `{key}`: Das Attribut ist ein Schlüsselattribut. Das bedeutet, dass der Attributwert ein Objekt der Klasse eindeutig identifiziert. Hier wird dieser Eigenschaftswert so definiert, dass zusätzlich die *readOnly*-Eigenschaft gilt. Der Attributwert darf nachträglich nicht mehr geändert werden.

Diese Eigenschaftswerte können beispielsweise wie folgt verwendet werden:

- `artikelnummer {key}`: Bei der Artikelnummer handelt es sich um ein Schlüsselattribut, d. h. keine zwei Artikel besitzen die gleiche Nummer.
- `vorname [0..2] {ordered}`: Die Vornamen sind geordnet nach 1. Vorname und 2. Vorname.
- `bestellnummer {readOnly}`: Die Bestellnummer darf nachträglich nicht mehr geändert werden.

Abb. 1.4-10 zeigt die Klasse `Auftrag`, in der einige Eigenschaftswerte eingetragen sind. Jedes Objekt des Auftrags muss eine eindeutige Nummer besitzen. Das Bestelldatum darf nach der Ersteingabe nicht mehr geändert werden. Das Rechnungsdatum wird mit dem aktuellen Datum aktualisiert. Es kann beim Anlegen eines neuen Auftrags überschrieben werden, ist aber danach nicht mehr änderbar. Angaben zur Multiplizität sind nicht notwendig, weil alle Attribute Pflichtfelder sind.

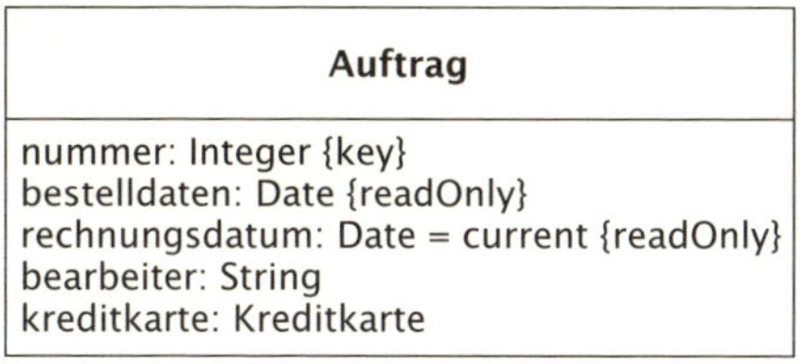

```
                    Auftrag

   nummer: Integer {key}
   bestelldaten: Date {readOnly}
   rechnungsdatum: Date = current {readOnly}
   bearbeiter: String
   kreditkarte: Kreditkarte
```

Abb. 1.4-10: Eigenschaftswerte für Attribute.

Außerdem können für Attribute **Einschränkungen** (*constraints*) definiert werden. Eine Einschränkung wird auch als Invariante bezeichnet. Es ist eine Zusicherung, die immer wahr sein muss. Diese Einschränkungen können sehr praktisch für Plausibilitätsprüfungen eingesetzt werden. Eine Einschränkung kann sich nur auf ein Attribut beziehen oder Beziehungen zwischen mehreren Attributen beschreiben, die während der Ausführung des Systems unverändert erhalten bleiben müssen. Einschränkungen sind beispielsweise:

Einschränkung – muss immer wahr sein

- `{1000 <= nummer <=9999}`: Die Nummer muss eine vierstellige Zahl sein.

■ {rechnungsdatum >= bestelldatum}: Das Rechnungsdatum darf nicht vor dem Bestelldatum liegen.

Auftrag
nummer: Integer {key, 1000 <= nummer <= 9999}   bestelldatum: Date {readOnly}   rechnungsdatum: Date = current {readOnly,   {rechnungsdatum >= bestelldatum}   bearbeiter: String   kreditkarte: Kreditkarte

Abb. 1.4-11: Eigenschaftswerte und Einschränkungen für Attribute.

Einschränkungen werden zusammen mit den Eigenschaftswerten in geschweiften Klammern angegeben und mehrere Werte durch Komma getrennt (Abb. 1.4-11). Sie sehen bereits an diesem einfachen Beispiel, dass Klassendiagramme zu unhandlich werden, wenn die volle Attributspezifikation eingetragen wird. Es wird übersichtlicher, wenn alle Angaben bis auf Name und Typ sowie die Kennzeichnung von Klassenattributen und abgeleiteten Attributen separat spezifiziert werden.

Attribut-spezifikation

Zusammengefasst kann ein Attribut im OOA-Modell durch folgende Angaben spezifiziert werden:

1 Name (*name*): kleiner Anfangsbuchstabe
2 Typ (*type*): Struktur, Aufzählung, primitiver Datentyp, Klasse
3 Anfangswert (*default*)
4 Multiplizität (*multiplicity*): mit der Voreinstellung [1]
5 Eigenschaftswert (*property modifier*)
6 Einschränkung (*constraint*)
7 Klassenattribut (class *attribute*)
8 Abgeleitetes Attribut (*derived*)

Sichtbarkeit – regelt Zugriffe

Außerdem kann für ein Attribut die **Sichtbarkeit** (*visibility*) spezifiziert werden. Diese Information wird in der Analyse noch nicht benötigt, ist aber für den Entwurf und den Übergang zur objektorientierten Programmierung wichtig. Ist keine Sichtbarkeit angegeben, dann ist die Sichtbarkeit unspezifiziert. Abb. 1.4-12 zeigt die Notation der Sichtbarkeit in der UML. Da es in diesem Buch in den ersten vier Tagen um die Erstellung des OOA-Modells geht, wird die Sichtbarkeit bei den folgenden Klassendiagrammen des *Shops* nicht eingetragen.

Class
+ publicAttribute # protectedAttribute – privateAttribute ~ packageAttribute

Abb. 1.4-12: Sichtbarkeit für Attribute.

- *public*: Das Attribut ist außerhalb der Klasse sichtbar. Das bedeutet, dass Objekte anderer Klassen direkt auf das Attribut lesend und schreibend zugreifen können. Diese Art der Sichtbarkeit darf bei Attributen – wenn überhaupt – nur in begründeten Ausnahmefällen verwendet werden, denn sie verstößt gegen das Geheimnisprinzip (siehe Kapitel »Objekte – die Basis von allem«, S. 8).
- *protected*: Das Attribut ist innerhalb der Generalisierungsstruktur sichtbar. Der Einsatz dieser Sichtbarkeit wird am 3. Tag genauer behandelt (siehe Kapitel »Generalisierungsstrukturen – entdecke Gemeinsamkeiten«, S. 55).
- *private*: Das Attribut ist nur innerhalb der Klasse sichtbar. Das bedeutet, dass nur Objekte dieser Klasse auf das Attribut zugreifen können. Außerhalb der Klasse ist das Attribut unbekannt und jeder Zugriff muss über entsprechende Operationen erfolgen. Die Sichtbarkeit *private* realisiert das Geheimnisprinzip in vollem Umfang und sollte nach Möglichkeit gewählt werden.
- *package*: Das Attribut ist innerhalb des Pakets sichtbar, in dem sich die Klasse befindet. Der Einsatz dieser Sichtbarkeit wird am 3. Tag genauer behandelt (siehe Kapitel »Pakete – die Teilsysteme im UML-Modell«, S. 64).

Klassendiagramm mit Typspezifikation

Werden alle diese Erweiterungen in das Klassendiagramm der Abb. 1.4-6 integriert, dann ergibt sich abschließend für den ersten Tag das Diagramm der Abb. 1.4-13. Die vollständige **Attributspezifikation** erfolgt aus Gründen der Übersichtlichkeit separat.

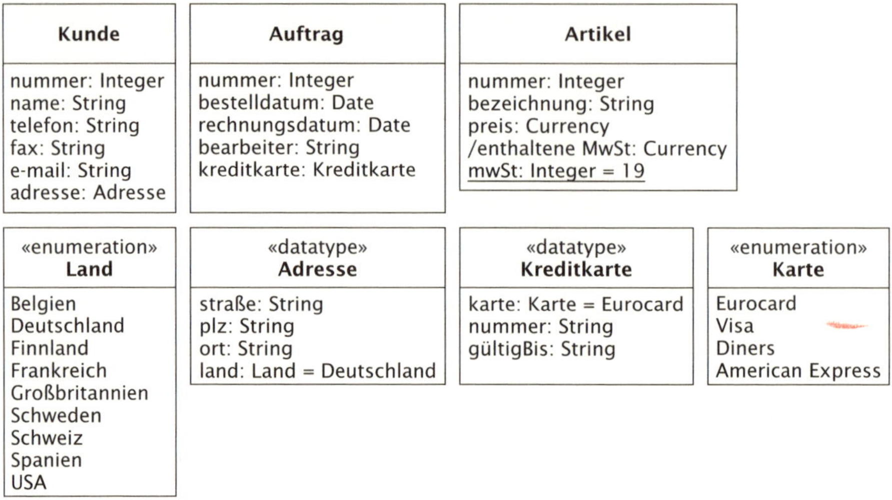

Kunde	Auftrag	Artikel
nummer: Integer name: String telefon: String fax: String e-mail: String adresse: Adresse	nummer: Integer bestelldatum: Date rechnungsdatum: Date bearbeiter: String kreditkarte: Kreditkarte	nummer: Integer bezeichnung: String preis: Currency /enthaltene MwSt: Currency mwSt: Integer = 19

«enumeration» Land	«datatype» Adresse	«datatype» Kreditkarte	«enumeration» Karte
Belgien Deutschland Finnland Frankreich Großbritannien Schweden Schweiz Spanien USA	straße: String plz: String ort: String land: Land = Deutschland	karte: Karte = Eurocard nummer: String gültigBis: String	Eurocard Visa Diners American Express

Abb. 1.4-13: Klassendiagramm Shop.

Attribute für Klassen

```
Kunde
nummer: Integer {key}
name: String
telefon: String [0..2]
fax: String [0..1]
e-mail: String [0..1]
adresse: Adresse

Auftrag
nummer: Integer {key}
bestelldatum: Date {readOnly}
rechnungsdatum: Date = current {readOnly,
                    rechnungsdatum >= bestelldatum}
bearbeiter: String
kreditkarte: Kreditkarte

Artikel
nummer: Integer {key, 1000 <= nummer <= 9999}
bezeichnung: String
preis: Currency
/enthalteneMwSt: Currency
mwSt: Integer = 19
```

Die Datentypen sind bereits vollständig in der Abb. 1.4-13 modelliert. Die Multiplizität muss nicht eingetragen werden, da es sich bei allen enthaltenen Attributen um Pflichtfelder handelt. Eine weitere Spezifikation kann daher entfallen.

Unterschiede zu *Entity-Relationship-*Diagrammen (ERD)

Für Leser, die mit *Entity-Relationship*-Diagrammen vertraut sind, sind zwei wichtige Unterschiede zwischen den Klassen (*classes*) und den Entitäten (*entities*) hervorzuheben:

- Künstliche Schlüsselattribute sind im Klassendiagramm nicht notwendig.

  Bei *Entity-Relationship*-Diagrammen ist für das eindeutige Identifizieren der Objekte ein Schlüsselattribut notwendig. Der Schlüssel kann sich auch aus mehreren Attributen zusammensetzen. Es ist möglich, dass ein fachlich notwendiges Attribut (z. B. Kundennummer) gleichzeitig als Schlüssel verwendet wird. Andernfalls ist beim *Entity-Relationship*-Diagramm ein künstliches Schlüsselattribut hinzuzufügen.

- Die Normalisierung der Attribute ist im Klassendiagramm nicht notwendig.

  Die Attribute einer Klasse müssen nicht die erste Normalform der relationalen Datenbanken erfüllen. Die Entscheidung, ob die Daten normalisiert werden müssen und welche Normalform ggf. zu wählen ist, soll erst bei der Realisierung getroffen werden. Bei der objektorientierten Modellierung definiert der Systemanalytiker die Attribute – frei von irgendwelchen technischen Randbedingungen – ausschließlich unter problemadäquaten Gesichtspunkten.

Quiz of the 1st day
Lösung
Indem man nachts schläft.

2

of the 2nd day

Was gibt es in der Mitte von Paris, das es
weder in London noch Mailand gibt?

2 Assoziationen – was Klassen verbindet

Klassen stehen nicht isoliert nebeneinander, sondern interagieren miteinander. Dazu müssen sie durch Assoziationen verbunden sein. Dieses Kapitel führt in das Konzept der Assoziation ein, erklärt Begriffe wie Multiplizität, Rollen, Navigationsrichtung und die Sonderformen Aggregation, Komposition und Assoziationsklasse:

▓ »Assoziationen – Beziehungen zwischen Klassen«, S. 31
▓ »Assoziationsklassen – die Assoziation wird zur Klasse«, S. 38
▓ »Assoziationen – und ihre Spezifikation im Detail«, S. 41

2.1 Assoziationen – Beziehungen zwischen Klassen

Zwischen Objekten können Objektbeziehungen (*links*) existieren. Die Menge aller gleichartigen Objektbeziehungen zwischen zwei Klassen wird im Klassendiagramm als Assoziation modelliert. Die Multiplizität gibt an, wie viele Objektbeziehungen jeweils von einem Objekt ausgehen können. Assoziationen können durch Assoziationsnamen oder besser durch Rollennamen näher spezifiziert werden.

Der *Shop* bietet eine Reihe von Artikeln an. Kunden können einen oder mehrere Artikel per Fax, Telefon oder Post bestellen. Eingehende Bestellungen – aus Sicht des *Shops* handelt es sich um Aufträge – werden erfasst. Ein bestimmter Auftrag gehört zu einem Kunden. Ein Auftrag besteht aus mindestens einer Auftragsposition, die sich auf genau einen Artikel in der angegebenen Anzahl bezieht. Kunden können beliebig viele Bestellungen (Aufträge) erteilen.

Verfeinerung der Problembeschreibung

Wenn eine Bestellung vom Kunden Müller vorliegt, dann wird sie im System erfasst und ein neues Objekt der Klasse Auftrag angelegt. Handelt es sich um einen Neukunden, dann wird auch der Kunde neu erfasst. In jedem Fall wird zwischen dem Kundenobjekt und dem Auftragsobjekt eine Objektbeziehung *(link)* aufgebaut, damit jeder Auftrag genau einem Kunden zugeordnet werden kann. Wenn der Kunde Müller später noch eine weitere Bestellung erteilt, dann

Vom link zur Assoziation

wird ein zweites Auftragsobjekt erfasst und eine Objektbeziehung zum Objekt Müller aufgebaut. Diese Objekte und ihre Objektbeziehungen werden im Objektdiagramm spezifiziert (Abb. 2.1-1). Für die Objekte der Klassen Kunde und Auftrag gilt in dem betrachteten Modell:

▪ Zu jedem Kunden können mehrere Aufträge vorliegen.
▪ Jeder Auftrag gehört zu genau einem Kunden.

Die Menge all dieser Objektbeziehungen wird als Assoziation zwischen den Klassen Kunde und Auftrag bezeichnet (Abb. 2.1-1).

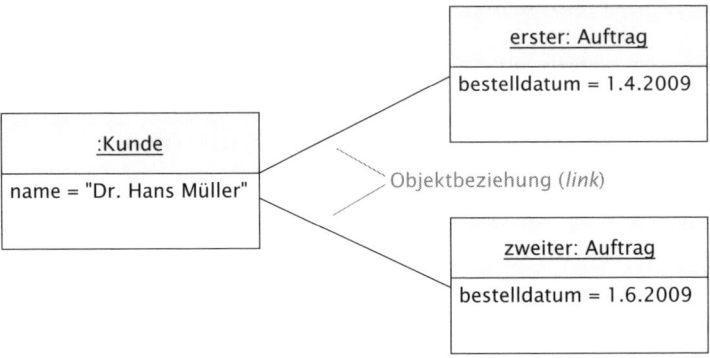

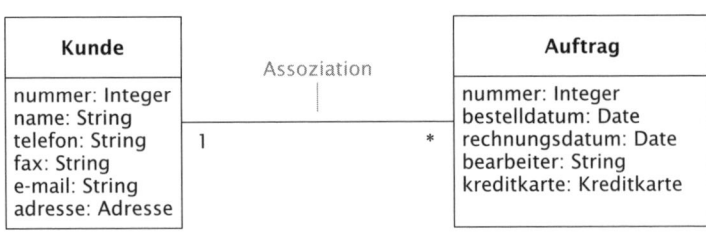

Abb. 2.1-1: Assoziation zwischen Kunde und Auftrag im Objekt- und im Klassendiagramm.

link – verbindet Objekte

So wie gleichartige Objekte im Klassendiagramm durch eine Klasse dargestellt werden, werden die Objektbeziehungen zwischen Objekten im Klassendiagramm als Assoziation modelliert. Assoziationen zwischen Klassen beschreiben die statische Struktur des Systems. Wenn die modellierte Anwendung später auf einem Computersystem ausgeführt wird, sind dagegen die Objektbeziehungen von Interesse.

Dieses »Netz« von Objekten können Sie mithilfe des Objekt-diagramms bereits zum Zeitpunkt der Analyse in der UML darstellen.

Das **Objektdiagramm** (*object diagram*) modelliert Objek-te, Attributwerte und Beziehungen zwischen Objekten zu ei-nem bestimmten Zeitpunkt. Objektdiagramme sind sozusa-gen Momentaufnahmen bzw. Schnappschüsse des Systems. Objektdiagramme sind vor allem nützlich, um die Aussagen von Klassendiagrammen zu verdeutlichen. Abb. 2.1-2 zeigt die Notation für ein Objektdiagramm mit Objektbeziehun-gen.

Objektdia-gramm – »Netz« der Objekte

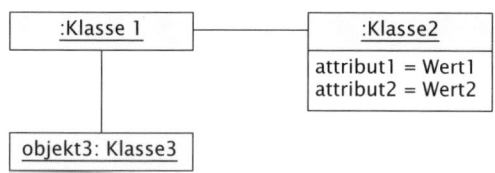

Abb. 2.1-2: Notation für Objektdiagramm.

Eine **Assoziation** (*association*) modelliert Objektbeziehun-gen zwischen Objekten einer oder mehrerer Klassen. Wäh-rend die Objektbeziehung das Gegenstück zum Objekt bil-det, ist die Assoziation das Pendant zur Klasse. Sie spezifi-ziert die Eigenschaften ihrer Objektbeziehungen.

Assoziation – verbindet Klassen

Die UML kennt binäre und höherwertige Assoziationen. Hier werden nur **binäre** Assoziationen betrachtet, d. h. Assozia-tionen, die Beziehungen zwischen zwei Objekten beschrei-ben. Eine Assoziation wird durch eine Linie zwischen einer oder zwei Klassen beschrieben (Abb. 2.1-3). An jedem Ende der Linie kann die Multiplizität *(multiplicity)* angegeben wer-den. Eine **reflexive Assoziation** besteht zwischen Objekten derselben Klasse. Sie wird auch als rekursive Assoziation be-zeichnet.

Notation Assoziation

Wie das obige Beispiel zeigt, kann sich ein Objekt (der Kun-de) auf mehrere andere Objekte (die Aufträge) beziehen, während umgekehrt jeder Auftrag zu genau einem Kun-den gehört. Dieser Sachverhalt wird durch die **Multiplizi-tät** (*multiplicity*) der Assoziation beschrieben. Während die Assoziationslinie zunächst nur aussagt, dass sich Objekte der beteiligten Klassen kennen, spezifiziert die Multiplizi-

Multiplizität – Anzahl der Objekt-beziehungen

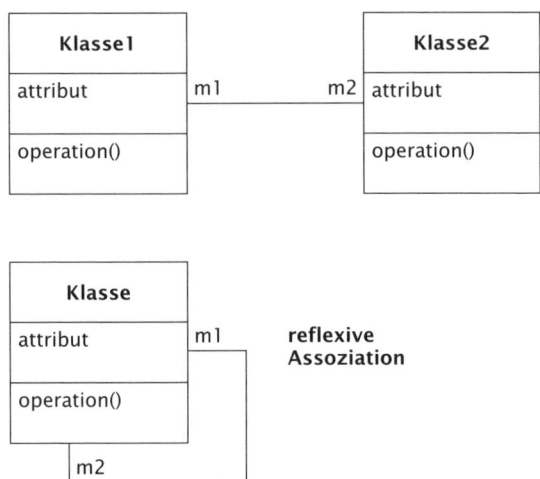

Abb. 2.1-3: Notation für Assoziationen.

tät, wie viele Objekte ein bestimmtes Objekt kennen kann. Abb. 2.1-4 zeigt Beispiele für die Spezifikation der Multiplizität in der UML. Statt der Multiplizität * kann auch 0..* angegeben werden. Beide Angaben sind gleichwertig.

Abb. 2.1-4: Notation für Multiplizität.

Option oder Pflicht?   Besitzt eine Assoziation als Untergrenze die Multiplizität 0, dann bedeutet dies, dass eine Objektbeziehung zu einem

Objekt der entsprechenden Klasse existieren kann, aber nicht muss. Die Untergrenze 1 oder höher fordert dagegen, dass mindestens eine Objektbeziehung existiert. Abb. 2.1-5 zeigt zwei alternative Modellierungen. In beiden Fällen muss es zu einem Auftrag immer genau einen Kunden geben. Das bedeutet, dass bei der Erfassung eines neuen Auftrags entweder ein vorhandener Kunde zugewiesen oder ein neuer Kunde erfasst werden muss. Es ist *nicht* möglich, einen Auftrag ohne einen zugehörigen Kunden zu speichern. Die Assoziation von Kunde zu Auftrag mit der Multiplizität * bedeutet, dass es Kunden geben kann, die noch keinen Auftrag erteilt haben. In diesem Fall können beispielsweise Kunden, die nur Informationen angefordert haben, im System gespeichert werden. Wird dagegen die Assoziation von Kunde zu Auftrag durch die Multiplizität 1..* modelliert, so muss zu jedem Kunden mindestens ein Auftrag angelegt werden. Andernfalls kann der Kunde nicht gespeichert werden.

Untergrenze 0   Tipp
Viele Klassendiagramme enthalten zu viele Assoziationen mit der Untergrenze 1. Im Zweifelsfall sollten Sie daher immer die Untergrenze 0 wählen.

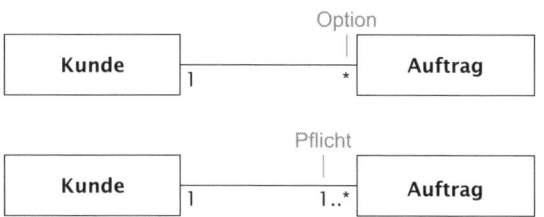

Abb. 2.1-5: Auf die Untergrenze der Multiplizität achten.

Bei der Modellierung der Klassen werden die Daten einer eingegangenen Bestellung in der Klasse Auftrag gespeichert. Der Klassenname wurde aus Sicht des Benutzers im *Shop* gewählt. Aus Sicht des Kunden handelt es sich jedoch um die zugehörige Bestellung. Umgekehrt ist der Kunde aus Sicht des Auftrags der Besteller (Abb. 2.1-6). Diese Informationen werden in der Objektorientierung als **Rollennamen** bezeichnet. Die UML bezeichnet die beiden Enden einer Assoziation einfach als Assoziationsenden *(association ends)* und

Rollenname – Bedeutung der Klasse in Assoziation

spricht von *association end names*. Rollennamen wären hier zwar nicht unbedingt notwendig, verbessern aber die Lesbarkeit des Klassendiagramms. Es sind im Allgemeinen Substantive und beginnen in der UML analog zu den Attributnamen mit einem Kleinbuchstaben. Eine binäre Assoziation besitzt maximal zwei Rollennamen. Er wird jeweils an ein Ende der Assoziation geschrieben, und zwar bei der Klasse, deren Bedeutung in der Assoziation er näher beschreibt.

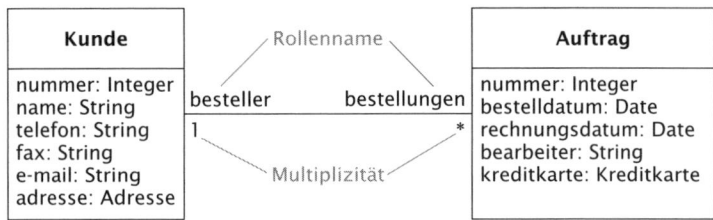

Abb. 2.1-6: Assoziation mit Rollennamen.

Assoziations-
name

Assoziationen können auch benannt werden. Der Name beschreibt im Allgemeinen nur eine Richtung der Assoziation (Abb. 2.1-7). Er darf fehlen, wenn die Bedeutung der Assoziation offensichtlich ist. Oft handelt es sich bei einem **Assoziationsnamen** um ein Verb. Der Name kann bei Bedarf um ein schwarzes Dreieck ergänzt werden, das die Leserichtung der Assoziation angibt, d. h. Kunde »erteilt« Auftrag.

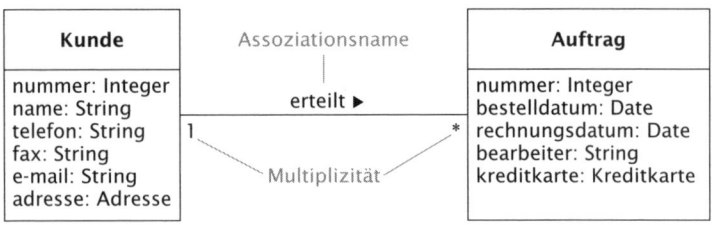

Abb. 2.1-7: Assoziation mit Assoziationsname.

Assoziations-
oder
Rollenname?

Während der Assoziationsname die Semantik der Assoziation beschreibt, enthält der Rollenname Informationen über die Bedeutung einer Klasse – bzw. ihrer Objekte – in der Assoziation. Oft trägt die geschickte Wahl von Rollennamen mehr zur Verständlichkeit des Modells bei als ein Assoziationsname.

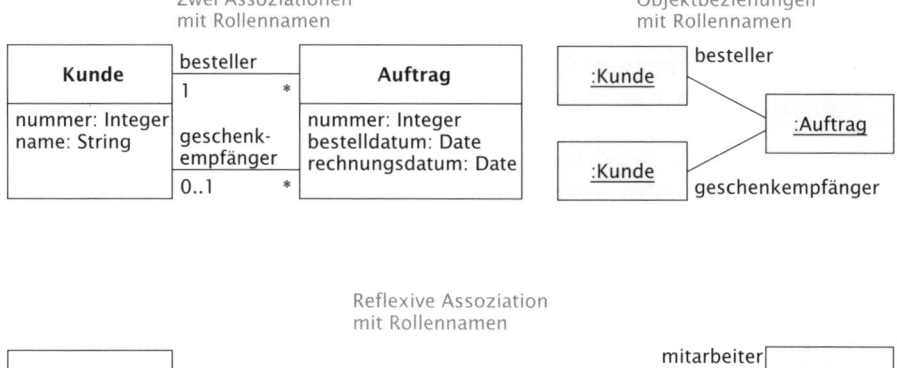

Abb. 2.1-8: Beispiele für Rollennamen.

Rollennamen oder Assoziationsnamen *müssen* angegeben werden, wenn zwischen zwei Klassen mehr als eine Assoziation besteht. Auch reflexive Assoziationen sind meist nur mit Rollennamen verständlich. In allen anderen Fällen sind Rollennamen optional. In der Abb. 2.1-8 wird die Problemstellung so erweitert, dass eine Bestellung auch als Geschenkauftrag ausgeführt werden kann. Geschenkempfänger sollen in die Kundenkartei aufgenommen werden. Die reflexive Assoziation in der Abb. 2.1-8 sagt aus, dass ein Angestellter – in der Rolle des Chefs – mehrere Mitarbeiter haben kann. Umgekehrt hat ein Mitarbeiter höchstens einen Chef, wobei der »oberste« Angestellte keinen Chef mehr hat. Hier werden Chef und Mitarbeiter durch die Klasse Angestellter modelliert, weil sie dieselben Eigenschaften (Attribute) besitzen und nur unterschiedliche Rollen »spielen«.

Hier sind Namen Pflicht

Vergleich mit den *Relationships* des Entity-Relationship-Diagramms (ERD)

Das Konzept der Assoziation besitzt seinen Ursprung in den *Relationships* der semantischen Datenmodellierung. Beim relationalen Modell werden Beziehungen zwischen Sätzen verschiedener Tabellen durch Schlüssel-Fremdschlüssel-Beziehungen realisiert (Abb. 2.1-9). Im Unterschied dazu dürfen Klassen weder Fremdschlüssel noch Referenzattribute enthalten. Die Information, welche anderen Objekte ein bestimmtes Objekt kennt, steckt ausschließlich in den Objektbeziehungen (*links*).

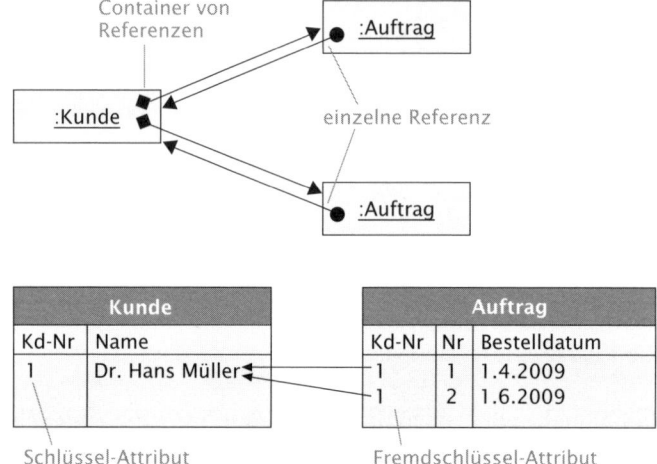

Abb. 2.1-9: Assoziation vs. Relationship.

2.2 Assoziationsklassen – die Assoziation wird zur Klasse

Eine Assoziationsklasse besitzt sowohl die Eigenschaften einer Assoziation als auch die einer Klasse. Sie kann nach festen Regeln in eine »normale« Klasse und Assoziationen aufgelöst werden.

Aus der Fax-Bestellung (Abb. 2.2-1) lässt sich entnehmen, dass zwischen dem Auftrag und dem Artikel eine Assoziation existiert. Jeder Auftrag bezieht sich auf mehrere Artikel. Umgekehrt kann ein Artikel in mehreren Aufträgen enthalten sein. Eine genauere Analyse zeigt, dass außerdem für alle bestellten Artikel die gewünschte Anzahl festzuhalten ist. Diese Daten können weder dem Auftrag noch dem Artikel zugeordnet werden, sondern »hängen« an der Assoziation. Weil alle Daten in der objektorientierten Welt in einer Klasse gekapselt werden müssen, wird für diese Fälle das Konzept der Assoziationsklasse verwendet.

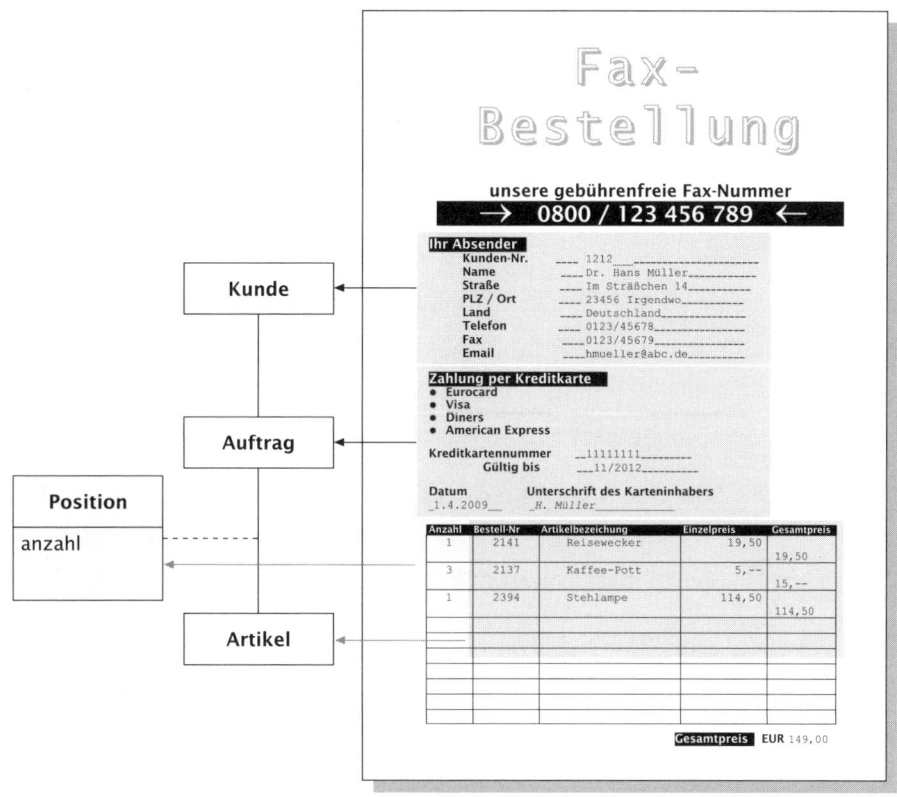

Abb. 2.2-1: Formular zur Fax-Bestellung.

Eine Assoziation kann zusätzlich die Eigenschaften einer Klasse besitzen, d. h. sie hat Attribute und Operationen sowie Assoziationen zu anderen Klassen. Zur Darstellung wird ein Klassensymbol verwendet, das über eine gestrichelte Linie mit der Assoziation verbunden wird (Abb. 2.2-2). Sie heißt **Assoziationsklasse** (*association class*).

Assoziationsklasse – Klasse und Assoziation

Durch die Modellbildung mit einer Assoziationsklasse bleibt die ursprüngliche Assoziation zwischen den beteiligten Klassen bestehen und damit im Modell deutlich sichtbar.

Von der Assoziationszur »normalen« Klasse

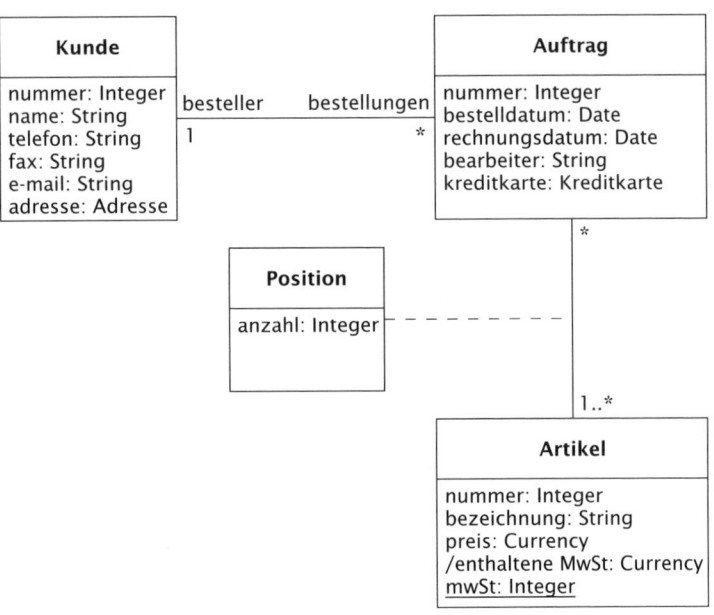

Abb. 2.2-2: Klassendiagramm mit Assoziationsklasse Position.

Beim Übergang zu den objektorientierten Programmiersprachen ist es notwendig, eine Assoziationsklasse in eine eigenständige Klasse und zwei Assoziationen aufzulösen. Diese Transformation erfolgt nach dem Schema der Abb. 2.2-3.
Auch für den *Shop* wird die Assoziationsklasse Position aufgelöst. Abb. 2.2-4 zeigt das Ergebnis.

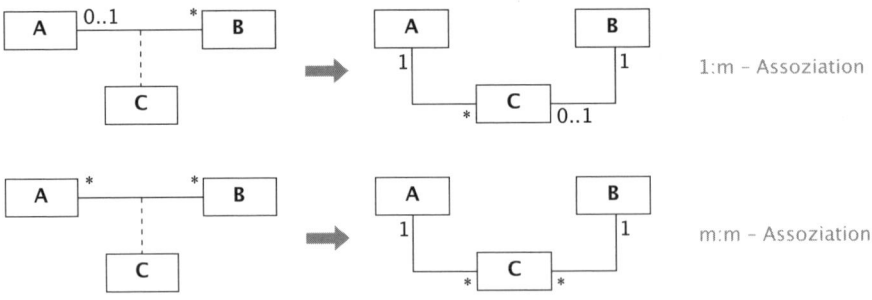

Abb. 2.2-3: Auflösen einer Assoziationsklasse.

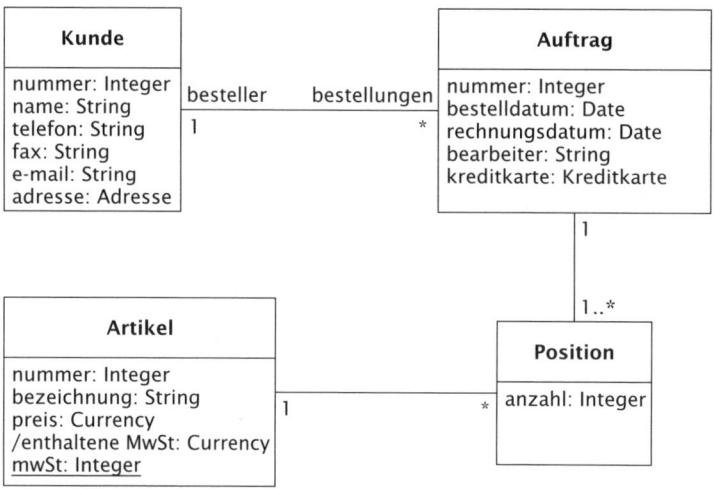

Abb. 2.2-4: Klassendiagramm mit »normaler« Klasse.

2.3 Assoziationen – und ihre Spezifikation im Detail

Eine Assoziation kann um die Navigierbarkeit ergänzt werden. Sie sagt aus, ob die Assoziation uni- oder bidirektional realisiert werden soll. Außerdem können Assoziationen als abgeleitet gekennzeichnet werden. Sonderfälle der Assoziation sind die Aggregation und die Komposition. Analog zu Attributen können für Assoziationen Eigenschaftswerte und Einschränkungen spezifiziert werden.

Abgeleitete Assoziation

Eine **Assoziation** heißt **abgeleitet** (*derived association*), wenn die gleichen Abhängigkeiten bereits durch andere Assoziationen beschrieben werden. Sie fügt keine neue Informationen zum Modell hinzu und ist daher redundant. Trotzdem ist sie nicht immer überflüssig, weil sie zum besseren Problemverständnis beitragen kann. Sie muss natürlich konsistent gehalten werden. Eine abgeleitete Assoziation wird durch das Präfix »/« vor dem Assoziationsnamen oder einen Rollennamen gekennzeichnet. Ist ein solcher Name nicht vorhanden, dann wird nur »/« angegeben. Ob eine abgelei-

Abgeleitete Assoziation – redundante links

tete Assoziation vorliegt, können Sie einfach mithilfe des Objektdiagramms ermitteln. Abb. 2.3-1 zeigt, dass es von Kunde zu Artikel einen »direkten Weg« und einen »Umweg« über Auftrag und Position gibt. In diesem Fall entspricht der »direkte Weg« der abgeleiteten Assoziation.

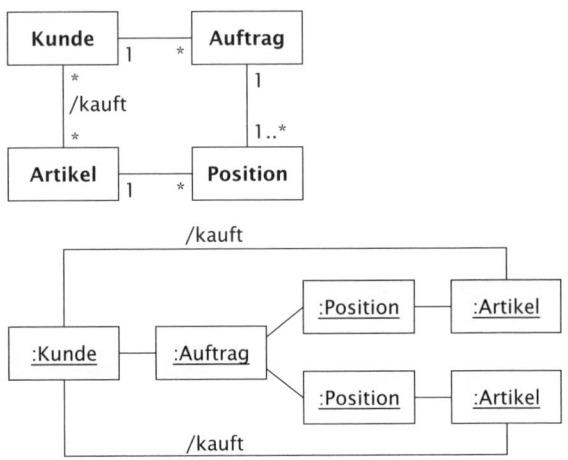

Abb. 2.3-1: Abgeleitete Assoziation.

Navigierbarkeit

Navigierbarkeit – Assoziation mit Richtung

Assoziationen sind zunächst unspezifiziert. Die UML ermöglicht es, zusätzlich die **Navigierbarkeit** (*navigability*) einer Assoziation zu definieren. Besteht zwischen zwei Klassen A und B eine Assoziation und ist diese Assoziation von A nach B navigierbar, dann bedeutet dies, dass Objekte von A auf Objekte von B zugreifen können, aber nicht umgekehrt. In welchen Richtungen eine Assoziation navigierbar ist, wird durch die notwendigen Zugriffe im Klassendiagramm bei der Ausführung der Operationen bestimmt. Binäre Assoziationen können in eine oder in beide Richtungen navigierbar sein.

Unidirektional – nur ein Objekt kennt das andere

In der Abb. 2.3-2 muss von Position auf Artikel zugegriffen werden, aber *nicht* umgekehrt. Analog muss vom Auftrag auf die Positionen zugegriffen werden, jedoch nicht von den Positionen auf den Auftrag. Daher wird diese Beziehung als **unidirektionale Assoziation** modelliert. Sie wird auch einseitige oder gerichtete Assoziation genannt.

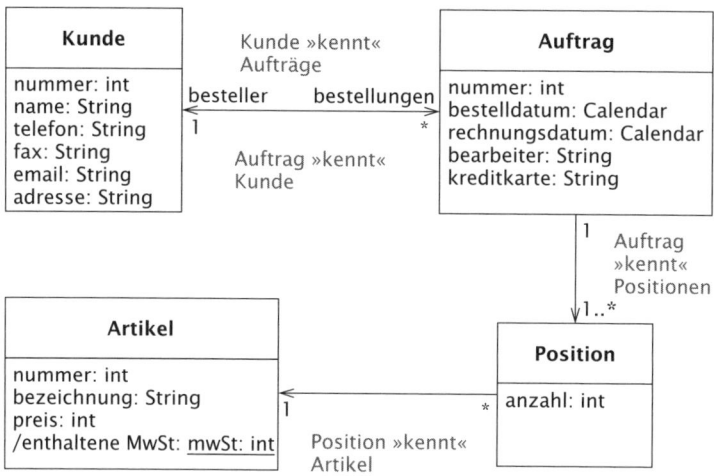

Abb. 2.3-2: Navigationsrichtung der Assoziationen im Shop.

Zwischen Kunde und Auftrag existiert eine bidirektionale Assoziation, da vom Auftrag ausgehend ein neuer Kunde (Besteller) erfasst oder ein vorhandener Kunde zugeordnet und umgekehrt zu jedem Kunden die Liste aller erteilten Aufträge (Bestellungen) angezeigt werden soll. Bei einer **bidirektionalen Assoziation** können die entsprechenden Objektbeziehungen in beiden Richtungen durchlaufen werden. Bei unserem Beispiel bedeutet dies, dass das Kundenobjekt seine Auftragsobjekte und jedes Auftragsobjekt sein Kundenobjekt kennt. Eine bidirektionale Assoziation ist bei identischer Semantik gleichwertig zu zwei gerichteten Assoziationen (Abb. 2.3-3). Sie ist komplexer zu realisieren als eine unidirektionale Assoziation und sollte nur dort eingesetzt werden, wo sie wirklich benötigt wird.

Bidirektional – beide Objekte kennen einander

Die Richtung, in der die Assoziation realisiert werden muss, wird im Klassendiagramm mit einer Pfeilspitze gekennzeichnet. Soll eine Assoziation in beiden Richtungen durchlaufen werden, werden beide Pfeilspitzen eingetragen. In der UML ist es möglich, Navigationsrichtungen explizit auszuschließen. Dies wird durch ein »x« auf der Linie gekennzeichnet.

Notation Navigierbarkeit

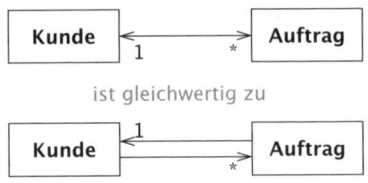

Abb. 2.3-3: Bidirektionale Assoziation.

Abb. 2.3-4 zeigt die verschiedenen Möglichkeiten zur Navigierbarkeit im Überblick.

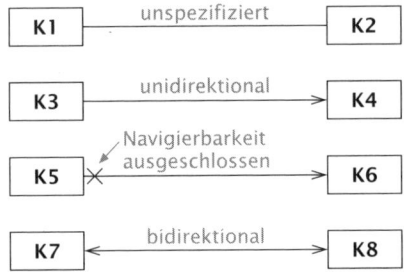

Abb. 2.3-4: Navigierbarkeit von Assoziationen.

Aggregation und Komposition

Die UML unterscheidet drei Arten von Assoziationen:

- einfache Assoziation (*ordinary association*),
- Aggregation (*aggregation*) und
- Komposition (*composition*).

Aggregation   Eine **Aggregation** (*aggregation*) liegt vor, wenn zwischen den Objekten der beteiligten Klassen (kurz: den beteiligten Klassen) eine Rangordnung gilt, die sich durch »ist Teil von« bzw. »besteht aus« beschreiben lässt (Abb. 2.3-5). Man spricht auch vom Ganzen und seinen Teilen (*whole part*). Das Ganze wird auch als Aggregatklasse, das Teil als Teilklasse bezeichnet.

Abb. 2.3-5: Aggregation.

Eine **Komposition** (*composition*) ist eine starke Form der Aggregation. Auch hier muss eine *whole-part*-Beziehung vorliegen. Darüber hinaus muss gelten:

Komposition

- Jedes Objekt der Teilklasse kann – zu einem Zeitpunkt – nur Komponente eines einzigen Objekts der Aggregatklasse sein, d. h. die bei der Aggregatklasse eingetragene Multiplizität darf nicht größer als eins sein. Ein Teil darf jedoch auch einem anderen Ganzen zugeordnet werden. In der Abb. 2.3-6 kann jede Datei zu einem Zeitpunkt nur in einem Dateiordner enthalten sein, aber zwischen verschiedenen Ordnern hin- und hergeschoben werden.
- Das Ganze ist für die Erzeugung und Verwaltung seiner Teile zuständig.
- Die Lebensdauer der Teile ist an die Lebensdauer des Ganzen gebunden (*they live and die with it*). Ein Teil darf jedoch zuvor explizit entfernt werden. Beim Löschen eines Dateiordners werden auch alle darin enthaltenen Dateien gelöscht.
- Oft gilt die Funktionalität des Ganzen auch für seine Teile. Wird beispielsweise ein Dateiordner kopiert, dann werden auch alle darin enthaltenen Dateien kopiert.

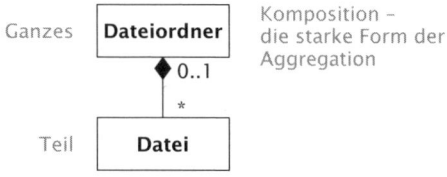

Abb. 2.3-6: Komposition.

In beiden Fällen kennzeichnet eine Raute die Aggregatklasse. Bei einer Aggregation ist es eine transparente, bei der Komposition eine gefüllte Raute. Die Multiplizität wird bei

Notation

Aggregation und Komposition wie bei einer einfachen Assoziation angegeben. Aggregation und Komposition sind für die Erstellung einfacher Klassendiagramme nicht unbedingt notwendig. Daher verzichte ich in diesem Buch darauf.

Berechnen von Attributwerten

Mithilfe von Assoziationen und Rollennamen können Attributwerte nicht nur innerhalb einer Klasse, sondern über Klassen hinweg abgeleitet werden.

Position.
gesamtpreis

Aus dem Rechnungsformular der Abb. 2.3-7 ist zu entnehmen, dass für jede Auftragsposition der Gesamtpreis angegeben werden soll. Dazu muss im Klassendiagramm in der Klasse Position das abgeleitete Attribut gesamtpreis eingeführt werden (Abb. 2.3-8). Dessen Wert lässt sich aus dem Artikelpreis und der Anzahl berechnen. Die Ableitungsformel für das Attribut Position.gesamtpreis lautet: Artikel.preis * anzahl. Preis ist ein Attribut der Klasse Artikel, die eine »Nachbarklasse« von Position ist. Dieser Zugriff über die Objektbeziehung wird durch den vorgestellten Klassennamen Artikel gekennzeichnet.

Auftrag.
gesamtbetrag

In der Klasse Auftrag wird das Attribut gesamtbetrag hinzugefügt, dessen Wert sich aus der Summe der Gesamtpreise aller Positionen berechnet wird. Auch gesamtbetrag ist ein abgeleitetes Attribut. Für das Attribut gesamtbetrag wird die Ableitungsregel Position.gesamtpreis formuliert. Die Multiplizität »*« impliziert, dass hier im Gegensatz zu oben eine Summenbildung über die Gesamtpreise aller Auftragspositionen durchzuführen ist.

Kunde.
gesamtumsatz

Damit der Verkäufer beim Öffnen des Kundenfensters auf einen Blick sieht, ob es sich um einen »guten« Kunden handelt, wird zusätzlich der Gesamtumsatz eines Kunden angezeigt, der sich aus der Summe der Gesamtbeträge aller Aufträge dieses Kunden berechnet. Analog zu oben lautet für das Attribut Kunde.gesamtumsatz die Ableitungsregel bestellungen.gesamtbetrag. Die Zugehörigkeit des Attributs zur Klasse wird in diesem Fall durch den Rollennamen bestellungen spezifiziert.

Kommentar

Die Ableitungsregeln werden als Kommentare *(comments)* in ein Diagramm eingetragen. Als Symbol wird ein Rechteck mit einer umgeknickten Ecke verwendet, das auch als No-

Die Geschenkexperten

Bestellservice • Sonnenscheinstr. 8 • 86421 Sonnenwinkel

Dr. Hans Müller
Im Sträßchen 14
23456 Irgendwo

Bestellservice
Spezialversand

Sonnenscheinstraße 8
86421 Sonnenwinkel
Telefon 0124 /1234567
Fax 0124 / 12344468

Rechnung vom	3.4.2009
Ihre Kunden-Nr.	001212
Rechnungs-Nr.	002323

Rechnung

Ihre Bestellung vom 1.4.2009

Artikel-Nr.	Artikelbezeichnung	Anzahl	Einzelpreis	Gesamtpreis
2137	Kaffee-Pott	3	5,00	15,00
2141	Reisewecker	1	19,50	19,50
2394	Stehlampe	1	114,50	114,50

Gesamtbetrag	**EUR**	**149,00**

Der Rechnungsbetrag enthält

19 % Mehrwertsteuer = 23,79 EUR

Der Rechnungsbetrag wird wunschgemäß Ihrer Eurocard belastet.

Ihre Bestellung wurde sorgfältig gepackt von Helga Weiß.

Wir danken für Ihren Auftrag.

Die Geschenkexperten

Bankverbindung
Haus- und Hofbank • Konto-Nr. 123 456 789 • BLZ 500 400 30

Abb. 2.3-7: Rechnungsformular.

tizzettel *(note symbol)* bezeichnet wird. Die gestrichelte Linie zeigt, auf welches Element sich der Kommentar bezieht. Abb. 2.3-8 zeigt die abgeleiteten Attribute im Überblick.

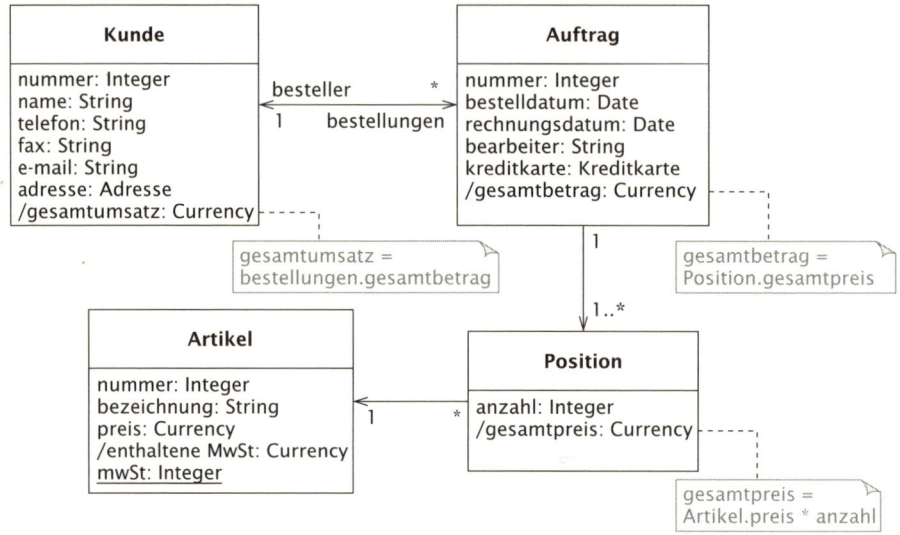

Abb. 2.3-8: Klassendiagramm mit Ableitungsregeln für abgeleitete Attribute.

Eigenschaftswerte und Einschränkungen

Eigenschafts-
werte

Für Assoziationen können analog zu Attributen **Eigenschaftswerte** (*property modifier*) definiert werden, die an das Assoziationsende angetragen werden. In der Abb. 2.3-9 spezifiziert der Eigenschaftswert {ordered} eine Ordnung auf der Menge der Objektbeziehungen. Diese Angabe sagt jedoch nichts darüber aus, *wie* die Ordnung definiert ist (z. B. zeitlich, alphabetisch). Bei diesem Beispiel beschreibt die Ordnung die Reihenfolge der Positionen im Auftrag und in der später zu erstellenden Rechnung.

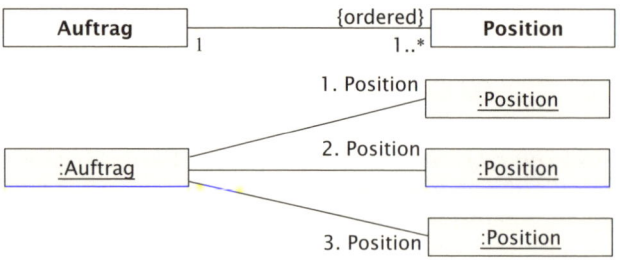

Abb. 2.3-9: Eigenschaftswerte für Assoziationen.

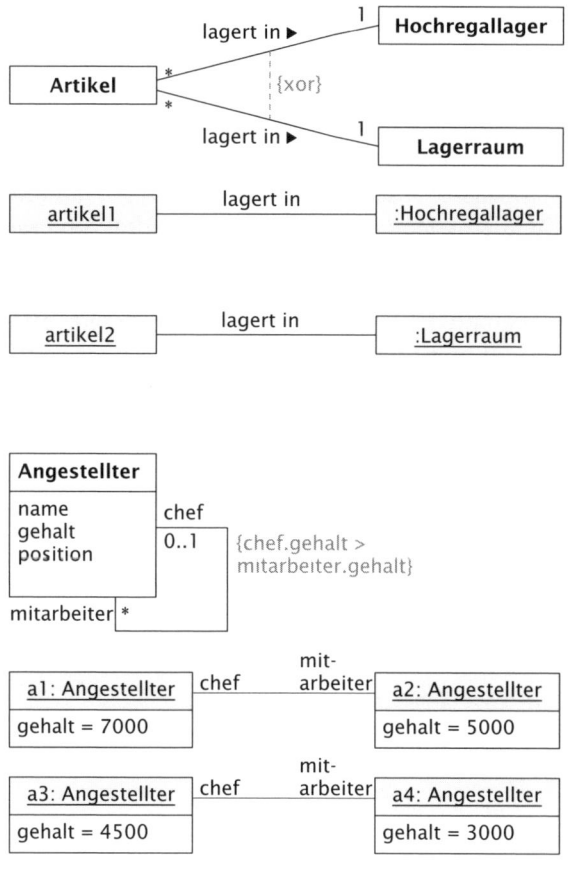

Abb. 2.3-10: Einschränkungen für Assoziationen.

Auch für Assoziationen können **Einschränkungen** (*constraints*) definiert werden. Es handelt sich um Bedingungen, die zu jedem Zeitpunkt erfüllt sein müssen. Die UML gibt einige Einschränkungen vor, weitere können bei Bedarf formuliert werden. In der Abb. 2.3-10 spezifiziert die Einschränkung {xor}, dass ein Artikel entweder in einem Hochregallager *oder* in einem Lagerraum lagert. Die reflexive Assoziation der Klasse Angestellter enthält eine selbstdefinierte Einschränkung. Sie besagt, dass für jede Objektbeziehung zwischen einem Chef und einem Mitarbeiter gilt: chef.gehalt > mitarbeiter.gehalt. Hier wird der Rollennamen verwendet,

Einschränkung – diese Bedingung muss immer erfüllt sein

um ein Attribut eindeutig zu kennzeichnen. Sie sehen, wie wichtig in diesem Fall die Angabe von Rollennamen ist.

Klassendiagramm nach dem 2. Tag

Einige der vorgestellten Konzepte und Notationselemente werden in das Klassendiagramm integriert. Außerdem ist noch eine kleine Modelländerung notwendig. Am ersten Tag wurden die Attribute enthalteneMwSt und mwSt der Klasse Artikel zugeordnet, um die verwendeten Konzepte am Beispiel zu demonstrieren. Aus dem Formular der Abb. 2.3-7 ist zu entnehmen, dass der MwSt-Satz und die enthaltene Mehrwertsteuer nicht für jeden einzelnen Artikel, sondern als Gesamtbetrag für die Rechnung vorhanden sein müssen. Daher werden die entsprechenden Attribute aus der Klasse Artikel entfernt und in die Klasse Auftrag integriert. Am Ende des zweiten Tages sieht das Klassendiagramm nun wie in Abb. 2.3-11 aus. Es gilt die nachfolgende Attributspezifikation, in der die Ableitungsregeln der Attribute mit dem Schlüsselwort derive spezifiziert werden.

```
Kunde
nummer: Integer {key}
name: String
telefon: String [0..2]
fax: String [0..1]
e-mail: String [0..1]
adresse: Adresse
/gesamtumsatz: Currency
      derive = bestellungen.gesamtbetrag

Auftrag
nummer: Integer {key}
bestelldatum: Date {readOnly}
rechnungsdatum: Date = current {readOnly,
                      rechnungsdatum >= bestelldatum}
bearbeiter: String
kreditkarte: Kreditkarte
/gesamtbetrag: Currency
      derive = Position.gesamtbetrag
/enthalteneMwSt: Currency
      derive = gesamtbetrag * mwSt /(100 + mwSt)
mwSt: Integer = 19
```

```
Position
anzahl: Integer
/gesamtpreis: Currency
    derive = Artikel.preis * anzahl

Artikel
nummer: Integer {key, 1000 <= nummer <= 9999}
bezeichnung: String
preis: Currency
```

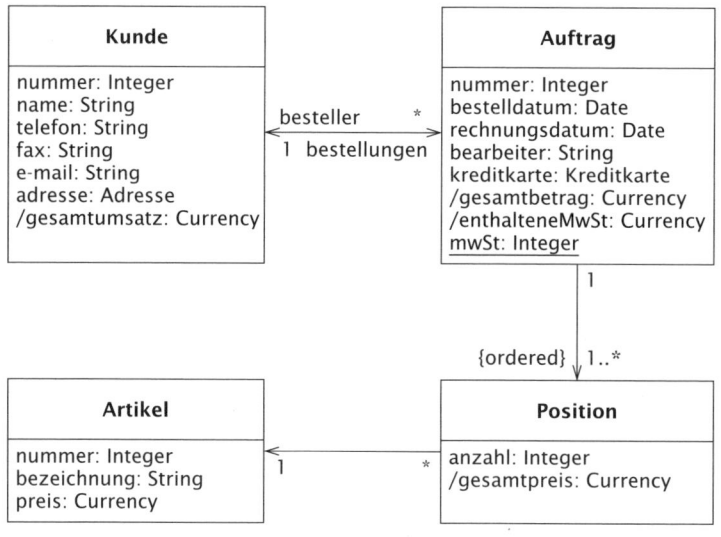

Abb. 2.3-11: Klassendiagramm Shop (2. Tag).

Quiz of the 2nd day
Lösung
Den Buchstaben »r«.

3

Quiz

of the 3rd day

Zwei Väter und zwei Söhne gehen angeln. Jeder fängt einen Fisch. Trotzdem bringen sie nur drei Fische nach Hause. Wie ist das möglich?

3 Strukturen – die Zukunftsinvestition

Um Softwaresysteme zu entwickeln, die später mit geringem Aufwand erweiterbar sind, müssen von vornherein geeignete Strukturen gebildet werden. Zu den wichtigsten Strukturen zählt die Generalisierung. Die Bildung von Paketstrukturen ermöglicht es, auch in großen Systemen den Überblick zu bewahren. Oft gibt es mehrere Alternativen beim Bilden der Strukturen und der Analytiker muss das beste Modell ermitteln können:

- »Generalisierungsstrukturen – entdecke Gemeinsamkeiten«, S. 55
- »Pakete – die Teilsysteme im UML-Modell«, S. 64
- »Objektorientierte Strukturen modellieren – gewusst wie«, S. 67

3.1 Generalisierungsstrukturen – entdecke Gemeinsamkeiten

Die Generalisierung ermöglicht es, gemeinsame Eigenschaften von Klassen in einer allgemeinen Klasse, der Oberklasse, zusammenzufassen. Die Unterklassen fügen zu den geerbten Elementen neue Eigenschaften hinzu. Abstrakte Klassen sind künstliche Gebilde, die nur zum Zweck der Generalisierung modelliert werden. Alle Generalisierungsstrukturen müssen sorgfältig gewählt werden, damit keine unerwünschten Nebeneffekte entstehen.

Der *Shop* hat nicht alle Artikel vorrätig, sondern bestellt selten verlangte Artikel erst beim Eingang der Kundenbestellung. Es werden also Artikel mit Lagerhaltung und solche ohne Lagerhaltung unterschieden. Einige Artikel werden selbst hergestellt, die meisten aber beim Lieferanten bestellt. Auch eingelagerte Artikel müssen von Zeit zu Zeit nachbestellt werden. Das bedeutet, dass für alle nicht selbst produzierten Artikel der jeweilige Lieferant bekannt sein muss. Für jeden Lieferanten sind Firma, Ansprechpartner, Adresse, Telefonnummer, Fax-Nummer und E-Mail-Adresse zu speichern. Für die Lagerartikel sind zusätzlich der Min-

Verfeinerung der Problembeschreibung

destlagerbestand (kurz: die Mindestmenge) und der aktuelle Bestand festzuhalten.

Ergänzen des Modells um Lagerartikel Im ersten Schritt wird das Modell um Lagerartikel ergänzt. Diese Artikel besitzen gegenüber den »normalen« Artikeln die zusätzlichen Attribute mindestmenge und bestand. Daher wird die Klasse Lagerartikel von der Klasse Artikel abgeleitet (Abb. 3.1-1), d. h. die neue Klasse Lagerartikel erbt alle Attribute von der Oberklasse Artikel. Jeder Artikel kann – unabhängig davon, ob er Lagerartikel ist oder nicht – in einer Auftragsposition vorkommen. Deshalb bleibt die Assoziation zwischen Position und Artikel bestehen und wird an die Klasse Lagerartikel vererbt.

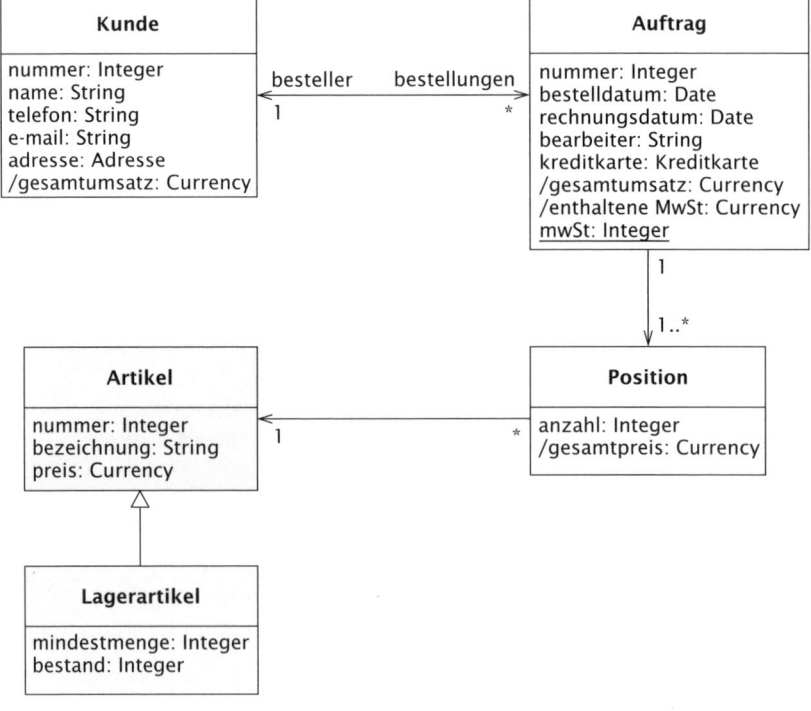

Abb. 3.1-1: Hinzufügen des Lagerartikels.

Auswirkung der Generalisierung Abb. 3.1-2 zeigt einen Schnappschuss des Modells als Objektdiagramm. Der Artikel und der Lagerartikel gehören zum selben Auftrag. Der Lagerartikel wird ein zweites Mal in einem anderen Auftrag bestellt. Der Zusammenhang zwischen dem Auftrag und dem Artikel bzw. Lagerartikel wird über das Objekt Position hergestellt. Jede Position kennt ihren Lagerartikel, weil die Assoziation von Position zu Artikel an die Klasse Lagerartikel vererbt wird.

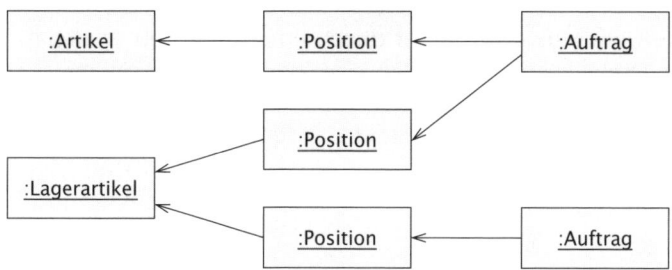

Abb. 3.1-2: Vererben von Assoziationen.

Die **Generalisierung** (*generalization*) beschreibt eine Beziehung zwischen einer allgemeinen Klasse (Basisklasse) und einer spezialisierten Klasse. Die spezialisierte Klasse ist vollständig konsistent mit der Basisklasse, enthält aber zusätzliche Attribute und Assoziationen. Ein Objekt der spezialisierten Klasse kann überall dort verwendet werden, wo ein Objekt der Basisklasse erlaubt ist. Man spricht von einer Klassenhierarchie oder einer Generalisierungsstruktur. Die allgemeine Klasse wird auch als **Oberklasse** (*super class*), die spezialisierte als **Unterklasse** (*sub class*) bezeichnet.

Generalisierung – zeigt Gemeinsamkeiten

Das Konzept der Generalisierung ist *nicht* dazu gedacht, um gemeinsame Eigenschaften von Klassen willkürlich zusammenzufassen, sondern eine Generalisierungsstruktur soll immer eng zusammengehörende Klassen enthalten. Dieser enge Zusammenhang wird durch die »Ist-ein«-Beziehung ausgedrückt. Sie ist erfüllt, wenn gilt: Jedes Objekt der Unterklasse »ist ein« Objekt der Oberklasse. Im Beispiel ist jeder Lagerartikel auch ein Artikel.

Generalisierung – Ist-Ein-Beziehung

Von einer **abstrakten Klasse** (*abstract class*) können *keine* Objekte erzeugt werden. Die abstrakte Klasse spielt eine wichtige Rolle in Generalisierungsstrukturen, wo sie die Gemeinsamkeiten mehrerer Unterklassen definiert. Damit eine abstrakte Klasse verwendet werden kann, muss von ihr eine konkrete Unterklasse abgeleitet werden. Abstrakte Klassen werden durch einen kursiv geschriebenen Namen gekenn-

Abstrakte Klasse – keine Objektfabrik

zeichnet. Sie können alternativ oder zusätzlich im Namensfeld der Klasse als {abstract} spezifiziert werden. Diese zweite Form ist vor allem bei handschriftlichen Modellen sinnvoll. Abstrakte Klassen werden im Kapitel »Objektorientierte Strukturen modellieren – gewusst wie«, S. 67 verwendet.

Notation Generalisierung

Die Generalisierung wird durch einen Pfeil mit transparenter Dreiecksspitze bei der Oberklasse gekennzeichnet. Die beiden Darstellungen der Abb. 3.1-3 sind gleichwertig und können alternativ verwendet werden.

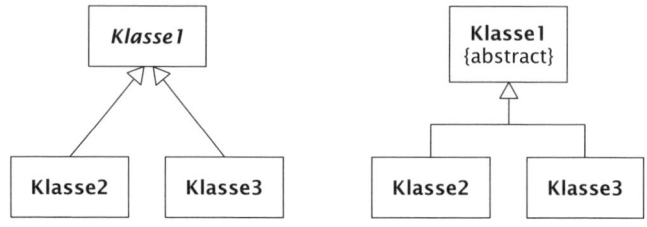

Abb. 3.1-3: Notation für Generalisierung.

Erweitern des Modells um Lieferanten

Im zweiten Schritt wird das Modell um die Klasse Lieferant ergänzt, die eine Assoziation zur Klasse Artikel besitzt (Abb. 3.1-4). Die Attribute telefon, fax, e-mail und adresse sind in den beiden Klassen Kunde und Lieferant enthalten. Jeder Artikel – gleichgültig ob am Lager oder nicht – wird entweder von einem Lieferanten bezogen oder selbst hergestellt. Umgekehrt kann ein Lieferant beliebig viele Artikel oder Lagerartikel liefern. Die Assoziation zwischen Lieferant und Artikel wird an die Klasse Lagerartikel vererbt. Zu jedem Artikel soll der Lieferant »sichtbar« sein. Umkehrt muss der Lieferant seine Artikel nicht »sehen«. Daher wird diese Assoziation gerichtet bzw. unidirektional modelliert (Abb. 3.1-4).

Datenstrukturen bilden

In der Abb. 3.1-4 sehen Sie, dass Kunde und Lieferant eine Reihe gemeinsamer Attribute besitzen. Auch hier könnte eine Generalisierungsstruktur verwendet werden. Stattdessen wird hier ein anderer Weg beschritten, denn die unerwünschte Redundanz von Attributen lässt sich auch durch geschickte Bildung von Datentypen vermeiden. Die Attribute telefon, fax und e-mail werden zum Datentyp Kontakt zusammengefasst (Abb. 3.1-5). Es zeigt sich jetzt auch, wie vorteilhaft die Bildung des Datentyps Adresse war (siehe Kapitel

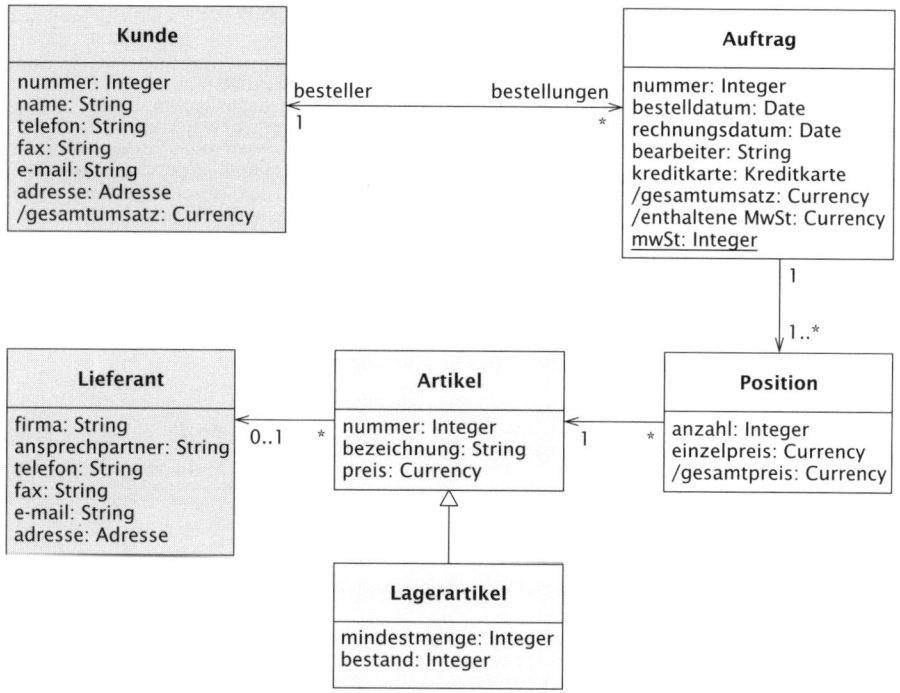

Abb. 3.1-4: Hinzufügen des Lieferanten.

»Attribute – die objektorientierten Datenfelder«, S. 15), der sowohl in der Klasse Kunde als auch in der Klasse Lieferant verwendet wird. Ein weiterer Vorteil, den die Bildung von Datentypen mit sich bringt, ist, dass sie in späteren Projekten wiederverwendet werden können.

Vererbung von Attributen und Assoziationen

Abb. 3.1-6 fasst den Mechanismus der Generalisierung in allgemeiner Form zusammen:

1   Besitzen alle Objekte von Oberklasse ein attributA, dann besitzen es auch alle Objekte der Unterklasse. Auch die Spezifikation von attributA wird in die Unterklasse übernommen. Der Wert von attributA wird hingegen *nicht* vererbt.

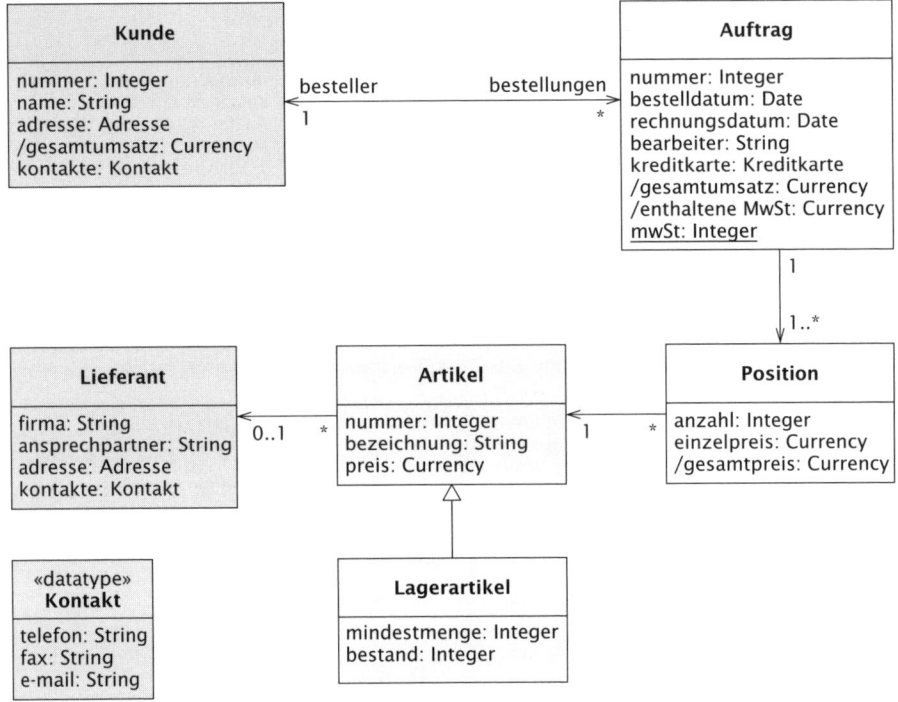

Abb. 3.1-5: Modellierungsalternative mit dem Datentyp Kontakt.

2   Besitzt die Oberklasse ein Klassenattribut mit dem Wert W, so besitzt auch die Unterklasse dieses Klassenattribut mit dem Wert W.

3   Existiert eine Assoziation zwischen Oberklasse und Andere Klasse, dann wird diese Assoziation an die Unterklasse vererbt.

Einfach-
vererbung –
Baumstruktur

Die Generalisierung wird hier so definiert, dass jede Klasse höchstens eine direkte Oberklasse besitzt. Es entsteht eine Baumstruktur. Diese Form der Generalisierung wird auch als **Einfachvererbung** bezeichnet.

Klassen-
extension – alle
Objekte einer
Klasse

Unter der **Klassenextension** (*extent*) ist die Menge aller Objekte einer Klasse zu verstehen. Ein neu erzeugtes Objekt wird automatisch eingefügt und beim Löschen wieder entfernt. Zwischen der Generalisierung und der Klassenextension besteht ein Zusammenhang: Gehört ein Objekt zur Ober-

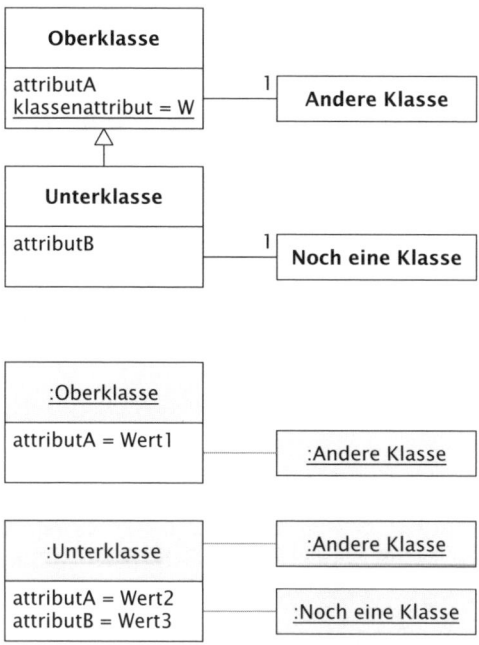

Abb. 3.1-6: Generalisierung von Attributen und Assoziationen im Klassen- und im Objektdiagramm.

klasse, dann ist es auch ein Element der Klassenextension von Oberklasse. Ist Unterklasse eine Spezialisierung von Oberklasse, dann ist die Klassenextension von Unterklasse eine Teilmenge der Klassenextension von Oberklasse, d. h. jedes Objekt von Unterklasse ist auch in der Klassenextension von Oberklasse enthalten (Abb. 3.1-7).

Am ersten Tag wurde für Attribute die verschiedenen Arten der Sichtbarkeit eingeführt, die für das Erstellen eines Entwurfsmodells benötigt werden. Die Sichtbarkeit *protected*, die durch »#« dargestellt wird, bedeutet, dass dieses Attribut nur innerhalb einer Generalisierungsstruktur sichtbar ist. Hat beispielsweise das Attribut Artikel.nummer die Sichtbarkeit *protected*, dann kann in der Unterklasse Lagerartikel direkt – d. h. ohne eine Operation – auf nummer zugegriffen werden. Bei der Sichtbarkeit *private* dagegen ist eine Zugriffsoperation notwendig.

Sichtbarkeit
protected

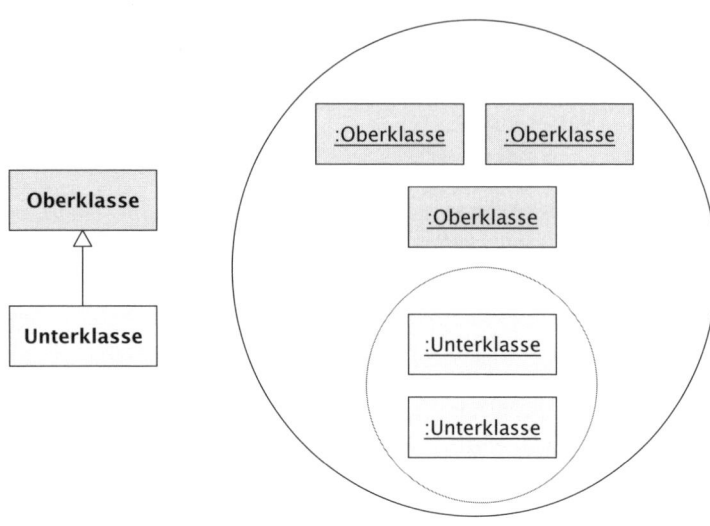

Abb. 3.1-7: Generalisierung und Klassenextension.

Bottom-up-Vorgehen – suche Gemeinsamkeiten

Generalisierungsstrukturen können prinzipiell mittels Bottom-up- oder Top-down-Vorgehen identifiziert werden. Beim Bottom-up-Vorgehen prüfen Sie für zwei oder mehrere Klassen, ob sie genügend Gemeinsamkeiten besitzen, damit sich eine neue Oberklasse bilden lässt. Diese Vorgehensweise wird im Kapitel »Objektorientierte Strukturen modellieren – gewusst wie«, S. 67 beim Bilden der abstrakten Klasse Geschäftspartner aus den vorhandenen Klassen Lieferant und Kunde angewendet.

Top-down-Vorgehen – suche Sonderfälle

Beim Top-down-Vorgehen geht man von den allgemeineren Klassen aus und sucht nach spezialisierten Klassen. Betrachten Sie eine Klasse und prüfen Sie für jedes ihrer Objekte, ob dieses Objekt alle Attribute mit Werten besetzt. Beispielsweise besitzen nur Artikel, von denen ein Vorrat im Lager gehalten wird, Werte für die Attribute bestand und mindestmenge. Daher wird hier von der allgemeinen Klasse Artikel die Klasse Lagerartikel spezialisiert.

Gute Generalisierung?

Nicht jede Generalisierungsstruktur verbessert ein Klassendiagramm. Es stellt sich daher die Frage: Was ist eine »gute« Generalisierung?

1   Unterklasse braucht geerbte Eigenschaften:
Jede Unterklasse soll die geerbten Attribute und Assoziationen der Oberklasse auch benötigen, d. h. jedes Objekt der Unterklasse belegt die geerbten Attribute mit Werten und kann entsprechende Objektbeziehungen besitzen. Diese Art der Modellierung führt häufig zu tiefen Baumstrukturen und steht im Widerspruch zur Forderung nach einer flachen Baumstruktur (siehe Punkt 4).

2   »Ist-ein«-Beziehung liegt vor:
Jedes Objekt der Unterklasse »ist ein« Objekt der Oberklasse. Diese Eigenschaft ist beispielsweise nicht erfüllt, wenn die Klasse PKW Unterklasse einer Klasse LKW wäre, auch wenn sie von ihrer Oberklasse viele Attribute (z. B. Motorleistung, Hersteller) erben kann. Die »Ist-ein«-Beziehung macht deutlich, dass es für eine gute Generalisierungsstruktur *nicht* ausreicht, wenn die Unterklasse zu den geerbten Attributen und Operationen eigene Attribute hinzufügt.

3   Modelliert Problembereich:
Das OOA-Modell dient entweder zur direkten Kommunikation mit dem Auftraggeber oder es wird mit seiner Hilfe eine Benutzungsoberfläche erstellt. Daher soll die hier entwickelte Struktur den »natürlichen« Strukturen des Problembereichs entsprechen.

4   Flache Baumstruktur:
Die Generalisierungshierarchie sollte nicht zu tief sein, denn um eine Unterklasse zu verstehen, müssen alle ihre Oberklassen betrachtet werden. Bis zu einer Tiefe von drei Ebenen gibt es normalerweise keine Verständnisprobleme.

Das Konzept der Generalisierung ist besonders wichtig beim Entwurf und bei der objektorientierten Programmierung. In der Analyse ist die Generalisierung von untergeordneter Bedeutung. Es ist durchaus möglich, dass Sie Analysemodelle erstellen, in denen wenige oder gar keine Generalisierungsstrukturen vorkommen. Wie das Beispiel zeigt, können Attribute zu geeigneten Datenstrukturen (z. B. Kontakt) zusammengefasst und dadurch einfach wieder verwendet werden. Im Fall von Artikel und Lagerartikel zeigt sich, dass sich durch die Generalisierung ein besseres und übersichtlicheres Modell ergibt (siehe Kapitel »Objektorientierte Struktu-

Bedeutung der Generalisierung

ren modellieren – gewusst wie«, S. 67). In diesem Fall sollten Sie auf die Generalisierung *keinesfalls* verzichten.

Vorteile der Generalisierung

Das Konzept der Generalisierung besitzt wesentliche Vorteile. Aufbauend auf existierenden Klassen können mit wenig Aufwand neue Klassen erstellt werden. Auch die Änderbarkeit wird unterstützt. Beispielsweise wirkt sich die Modifikation von Attributen in der Oberklasse automatisch auf alle Unterklassen der Generalisierungshierarchie aus.

Nachteile der Generalisierung

Nachteilig ist, dass diese automatische Änderung immer in Kraft tritt, auch dann, wenn sie nicht erwünscht ist. Ein weiterer Nachteil ist die Verletzung des Geheimnisprinzips. Das Geheimnisprinzip bedeutet, dass keine Klasse die Attribute einer anderen Klasse sieht. Barbara Liskov hat den Konflikt zwischen der Verkapselung und der Generalisierung sehr elegant beschrieben: »Ein Problem fast aller Generalisierungsmechanismen ist, dass sie das Prinzip der Verkapselung auf das Äußerste strapazieren ... Wenn die Datenkapsel verletzt ist, verlieren wir die Vorteile der Lokalität. ... Um die Unterklasse zu verstehen, müssen wir sowohl die Ober- als auch die Unterklasse betrachten. Falls die Oberklasse neu implementiert werden muss, dann müssen wir eventuell auch ihre Unterklassen neu implementieren.«

3.2 Pakete – die Teilsysteme im UML-Modell

Ein Paket gruppiert Modellelemente – insbesondere Klassen – und ermöglicht eine Darstellung des Softwaresystems auf einem höheren Abstraktionsniveau. Zwischen Paketen können Import-Beziehungen existieren.

Motivation

Wenn Softwaresysteme aus Hunderten von Klassen bestehen, ist es wichtig, Teilsysteme zu bilden. Solche Teilsysteme werden in der UML durch das Konzept des Pakets realisiert. Bei dem kleinen *Shop* ist eine solche Teilsystem- bzw. Paketbildung im Prinzip nicht nötig. Daher wird die Problemstellung etwas erweitert und der Übung halber eine Paketbildung durchgeführt.

Paket – strukturiert UML-Modelle

Ein **Paket** (*package*) fasst Modellelemente (z. B. Klassen) zusammen. Es kann selbst Pakete enthalten. Sie können sich das vollständige Softwaresystem als ein großes Paket vorstellen, das alles andere enthält. Jede Klasse (allgemeiner: jedes Modellelement) gehört zu höchstens einem Paket. Es kann jedoch in mehreren anderen Paketen darauf verwiesen werden. Ein Paket definiert einen Namensraum (*namespace*) für alle in ihm enthaltenen Modellelemente. Das Konzept des Pakets wird benötigt, um die Elemente des Modells in sinnvoller Weise zu gruppieren und die Systemstruktur auf einer hohen Abstraktionsebene zu beschreiben. Insbesondere beim OOD-Modell, das aus Hunderten von Klassen bestehen kann, ist die Paketbildung sehr wichtig.

Ein Paket wird als Rechteck mit einem Reiter dargestellt (Abb. 3.2-1). Wird der Inhalt des Pakets nicht gezeigt, dann wird der Paketname in das Rechteck geschrieben. Andernfalls wird der Paketname in den Reiter eingetragen. Der Paketname muss im gesamten System eindeutig sein. Die im Paket enthaltenen Klassen – oder allgemeiner die enthaltenen Elemente – können wahlweise angegeben werden. Analog zu Attributen können sie folgende Arten der Sichtbarkeit besitzen: Notation Paket

- *public*-Element, das durch ein "+" gekennzeichnet wird: Hier handelt es sich um ein öffentliches Element, das außerhalb des Pakets sichtbar ist und damit in anderen Paketen verwendet werden kann. Wird bei einem Element keine Sichtbarkeit angegeben, dann gilt implizit die Sichtbarkeit *public*.
- *private*-Element, das durch ein "-" gekennzeichnet wird: Private Elemente können nur innerhalb des Pakets verwendet werden. Außerhalb sind sie unbekannt.

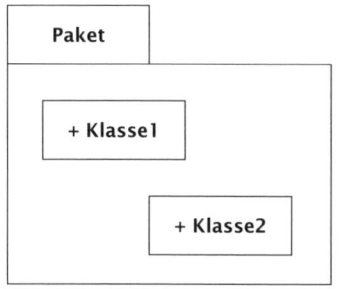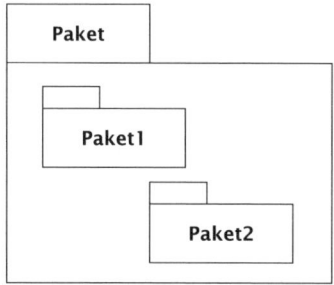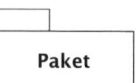

Abb. 3.2-1: Notation für Pakete.

Zwischen zwei Paketen kann eine Import-Beziehung existieren, die durch einen gestrichelten Pfeil und dem Stereotypen «import» modelliert wird. Der Pfeil zeigt auf dasjenige Paket, das importiert werden soll. Die Import-Beziehung wird als **Paket-Import** bezeichnet und ist vor allem im Entwurfsmodell von Bedeutung. In der Abb. 3.2-2 wird der *Shop* um einige Klassen erweitert. Es ergeben sich nun die Pakete Aufträge, Lieferungen, Artikel-VW und Bestellwesen. Jedes Paket enthält einige Klassen mit der impliziten Sichtbarkeit *public*. Zwischen den Paketen sind entsprechende Import-Beziehungen eingetragen.

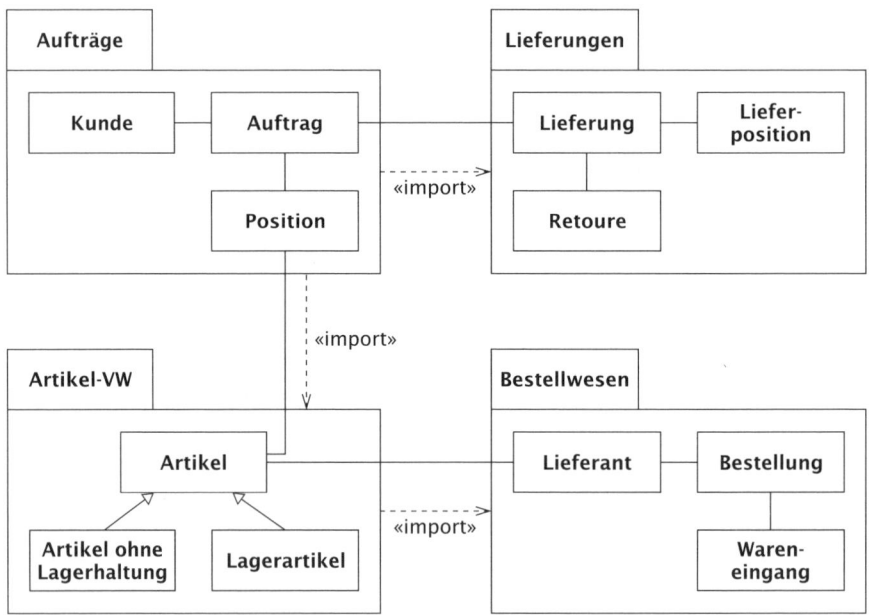

Abb. 3.2-2: Pakete des erweiterten Shops mit Paket-Importen.

Zugriffsarten Aus einem Paket P1 kann auf eine öffentliche Klasse K in einem Paket P2 auf zweierlei Art zugegriffen werden:

1   Dem Klassennamen wird der Paketname vorangestellt, d. h. P2::K. Man spricht hier von einem qualifizierenden Namen.

2   Wenn zwischen dem Paket P1 und dem Paket P2 eine Import-Beziehung existiert, dann kann in dem Paket P1 auf die Klasse K ohne qualifizierenden Namen zugegrif-

fen werden. Die Import-Beziehung zeigt also nicht nur Abhängigkeiten zwischen Paketen, sondern vereinfacht den Zugriff auf die darin enthaltenen Elemente.

Am ersten Tag wurden für die Attribute im Entwurfsmodell das Konzept der Sichtbarkeit eingeführt. Die Sichtbarkeit *package*, die durch ein »~« dargestellt wird, bedeutet, dass dieses Attribut nur innerhalb des zugehörigen Pakets sichtbar ist. Befindet sich beispielsweise die Klasse Artikel in dem Paket Artikel-VW und besitzt deren Attribut nummer die Sichtbarkeit *package*, dann können alle anderen Klassen in diesem Paket direkt – d. h. ohne eine Zugriffsoperation zu verwenden – auf das Attribut Artikel.nummer zugreifen.

Sichtbarkeit *package*

Pakete und die zwischen ihnen existierenden Abhängigkeiten werden in der UML in das **Paketdiagramm** (*package diagram*) eingetragen. Im OOD-Modell dient das Paketdiagramm auch dazu, die verschiedenen Architekturschichten voneinander zu trennen und deren Abhängigkeiten aufzuzeigen (siehe Kapitel »Schichten-Architekturen – Monolithen sind out«, S. 123).

Paketdiagramm – Pakete grafisch darstellen

3.3 Objektorientierte Strukturen modellieren – gewusst wie

Für OOA-Modelle gibt es häufig Modellierungsalternativen, die gegeneinander abzuwägen sind. Dazu gehören: Klasse oder Datentyp bilden, Generalisierung mit abstrakter oder konkreter Oberklasse, gemeinsame Attribute durch Generalisierung oder Datentypen realisieren, Strukturen durch Generalisierung, Rollen oder Assoziationen modellieren.

Wenn Sie die UML-Diagramme in diesem Buch durchlesen, dann sieht alles ganz einfach aus. Wenn Sie Ihre ersten Diagramme erstellen, ist vieles nicht mehr ganz so einfach. Oft tun sich verschiedene Modellierungsalternativen auf und man fragt sich, welche am besten geeignet ist. Das Ziel dieses Kapitels ist es, einige Modellierungsalternativen zu diskutieren und Ihnen Tipps für die Erstellung von Klassendiagrammen zu geben.

Motivation

Klasse oder Datentyp?

Das Problem ...

Um kompakte und übersichtliche Klassendiagramme zu erstellen, ist es wichtig, einzelne Attribute zu geeigneten Strukturen zusammenzufassen. In unserem *Shop* besitzt daher die Klasse Kunde anstelle der einzelnen Attribute straße, plz usw. das strukturierte Attribut adresse vom Typ Adresse. In der Abb. 3.3-1 sind diese Daten auf der linken Hälfte durch einen Datentyp modelliert. Rechts daneben ist die Adresse als eigenständige Klasse modelliert und über eine gerichtete Assoziation mit der Klasse Kunde verbunden. In der UML sind beide Alternativen der Modellierung prinzipiell äquivalent. Warum wurde nicht die zweite Möglichkeit bei der Modellbildung gewählt? Oder anders gefragt: Worin unterscheiden sich Attributwerte und Objekte?

... und die Lösung

Zum einen gibt es einen technischen Unterschied. Attribute werden durch einen Attributtyp beschrieben, der ein Datentyp oder eine Klasse sein kann. Der Zugriff auf Attributwerte erfolgt immer über das entsprechende Objekt. Dagegen kann jedes Objekt – entsprechende Multiplizität bei Assoziationen zu anderen Klassen vorausgesetzt – für sich erfasst und in einer Datenbank gespeichert werden. In der Systemanalyse spielt außer diesem eher technischen Aspekt noch die Abstraktionsebene eine Rolle. Klassen definieren den Problembereich. Sie stellen sozusagen die Essenz des Systems dar. Attribute beschreiben nur die Eigenschaften von Klassen und sind bei der Modellbildung von untergeordneter Bedeutung. Die Adresse kann als Eigenschaft eines Kunden angesehen werden. Daher ist es in diesem Fall sinnvoll, sie als Attribut zu modellieren.

Gute Strukturen besitzen gute Namen

Ein ganz wichtiges Merkmal einer guten Struktur sind aussagefähige Namen. Beispielsweise sollen Attributnamen sowohl dem Auftraggeber als auch dem Entwerfer und dem Programmierer deutlich machen, welche Informationen sie beschreiben. Eine geeignete Datenstruktur erkennen Sie daran, dass Sie einen aussagefähigen Namen finden. Ein nichtssagender Name weist meist auf ein willkürliches Datenbündel hin.

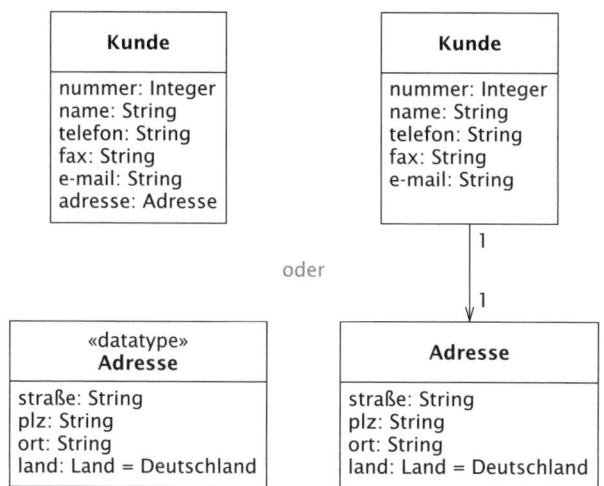

Abb. 3.3-1: Attribut oder Klasse.

Abstrakte oder konkrete Klasse?

Bei der Einführung zusätzlicher Lagerartikel wurde die Klasse Lagerartikel als Unterklasse von Artikel in das Diagramm eingetragen. Abb. 3.3-2 zeigt eine Modellierungsalternative mit einer abstrakten Oberklasse. Die Klassen Lagerartikel und Artikel ohne Lagerhaltung *spezialisieren* die abstrakte Klasse Artikel. Das bedeutet, dass es – in diesem Modell – keine Artikel gibt, die weder Lagerartikel noch Artikel ohne Lagerhaltung sind. Mit anderen Worten: Die Klasse Artikel kann keine Objekte »fabrizieren«. Sie wird nur benötigt, um ihre Eigenschaften an spezialisierte Klassen zu vererben. Die beiden Klassen Lagerartikel und Artikel ohne Lagerhaltung werden konkrete Klassen genannt, da sie Objekte erzeugen können. Es stellt sich wieder die Frage: Welche der beiden Alternativen ist besser?

Das Problem ...

Die Lösung auf der linken Seite der Abb. 3.3-2 ist einfacher und wurde in dieser Gruppierung gewählt, um die Generalisierung einzuführen. Die Alternative mit der abstrakten Klasse ist dagegen besser geeignet, wenn man zukünftige Änderungen berücksichtigt. Stellen Sie sich vor, Sie wollten für Artikel, die Sie nicht am Lager halten, zusätzlich die Lieferzeit speichern. Das Einfügen des Attributs lieferzeit in

... und die Lösung

abstand

Generalisierung

Obe

uli

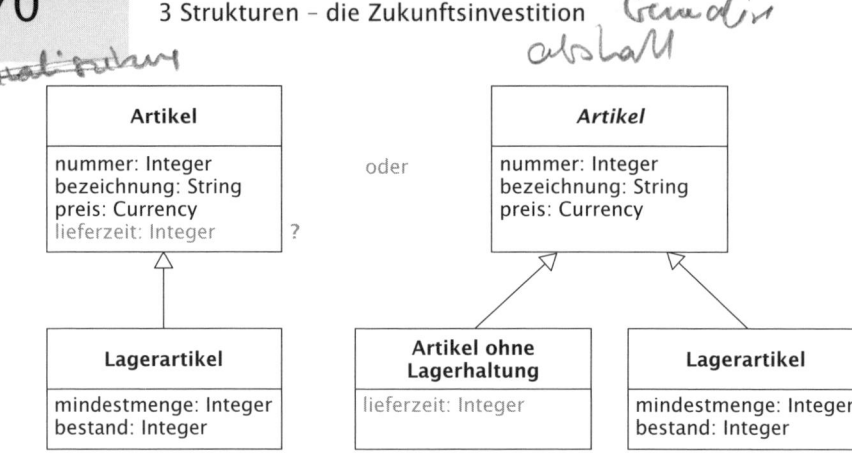

Abb. 3.3-2: Modellierungsalternative für die Generalisierung von Artikeln.

die Klasse Artikel wäre bei der linken Modellierung problematisch, da dann auch alle Lagerartikel dieses Attribut besitzen würden. Bei der rechten Alternative kann dieses Attribut einfach in die Klasse Artikel ohne Lagerhaltung eingefügt werden.

Generalisierung oder Datentypen?

Das Problem ... Beim Einführen der Klasse Lieferant wurden die Attribute telefon, fax und e-mail im Datentyp Kontakt zusammengefasst, wie es die linke Seite der Abb. 3.3-3 zeigt. Alternativ hätte man eine Generalisierungsstruktur mit der abstrakten Klasse Geschäftspartner bilden können, die durch die Klassen Kunde und Lieferant *spezialisiert* wird. In diesem Fall wird durch das Konzept der Generalisierung die Redundanz der Attribute vermieden. Welche Vor- und Nachteile besitzen die beiden Alternativen?

... und die Lösung In diesem Fall ist die Bildung von Datentypen vorzuziehen, denn diese Typen können oft in anderen Modellen wieder verwendet werden. Außerdem ist das Modell etwas einfacher, weil es eine Klasse weniger enthält.

Datentypen nur bei gemeinsamen Attributen Ganz anders sieht es bei der Generalisierungsstruktur von Artikel und Lagerartikel in der Abb. 3.3-4 aus. In diesem Fall vererbt die Klasse Artikel nicht nur die Attribute, sondern auch die Assoziationen zu Lieferant und Position an ihre Unterklasse. Um die Mächtigkeit dieser Generalisierungs-

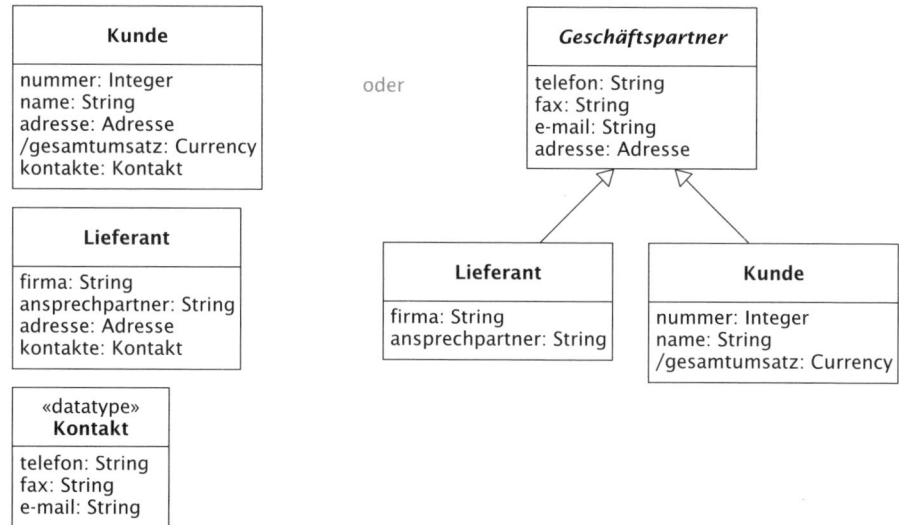

Abb. 3.3-3: Modellierungsalternative mit abstrakter Oberklasse Geschäfts-partner.

struktur einmal zu demonstrieren, zeigt die Abb. 3.3-5 die gleiche Problemstellung ohne Generalisierung. Hier bilden die Klassen Artikel und Lagerartikel eigenständige Klassen. Zwischen den Objekten von Artikel und Position bestehen Objektbeziehungen und ebenso zwischen den Objekten von Lagerartikel und Position.

Jedoch kann sich eine bestimmte Position immer nur auf entweder einen Artikel *oder* einen Lagerartikel beziehen. Dieser Sachverhalt wird in der UML durch die Einschränkung {xor} kenntlich gemacht. Auf der gegenüberliegenden Seite müssen jetzt zwei Assoziationen modelliert werden: zwischen Lieferant und Artikel und zwischen Lieferant und Lagerartikel. In diesem Fall ist keine xor-Einschränkung notwendig, weil ein Lieferant beliebig viele Lagerartikel und beliebig viele Artikel liefern kann. Bei dieser Modellbildung ist also durch das Konzept der Generalisierung das wesentlich einfachere Klassendiagramm der Abb. 3.3-4 möglich.

{xor} – entweder ... oder ...

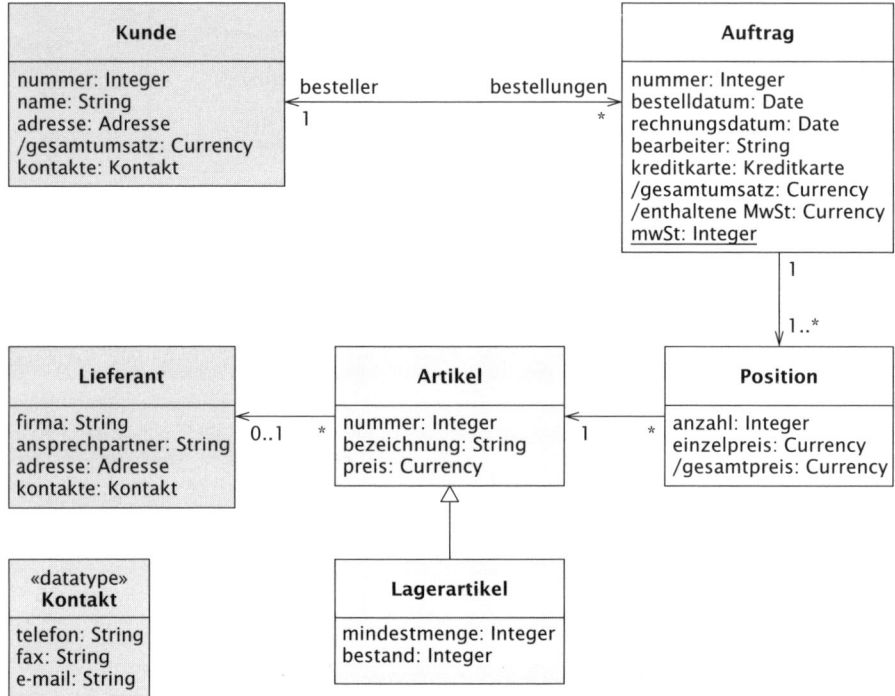

Abb. 3.3-4: OOA-Modell des Shops mit Generalisierung zwischen Artikel und Lagerartikel.

Generalisierung, Rollen oder Assoziationen?

Das Problem ...   Der *Shop* soll so erweitert werden, dass Privat- und Firmenkunden unterschieden werden. Für Privatkunden sollen die gleichen Attribute gespeichert werden, die bisher in der Klasse Kunde modelliert wurden. Für Firmenkunden soll zusätzlich der Firmenname gespeichert werden. Anstelle des Attributs name wird für Firmenkunden ein Attribut mit der Bezeichnung ansprechpartner gefordert. Aufträge können sowohl von Firmen- als auch von Privatkunden erteilt werden. Das Team, das diesen *Shop* modelliert, diskutiert mehrere Möglichkeiten der Modellierung.

... und
Lösung 1:
Generalisierung   Viele UML-Modellierer denken bei dieser Problemstellung sicher sofort an eine Generalisierungsstruktur, wie sie in der Abb. 3.3-6 dargestellt ist. Die gemeinsamen Attribute werden in die Oberklasse Kunde eingetragen. Da jeder Kunde

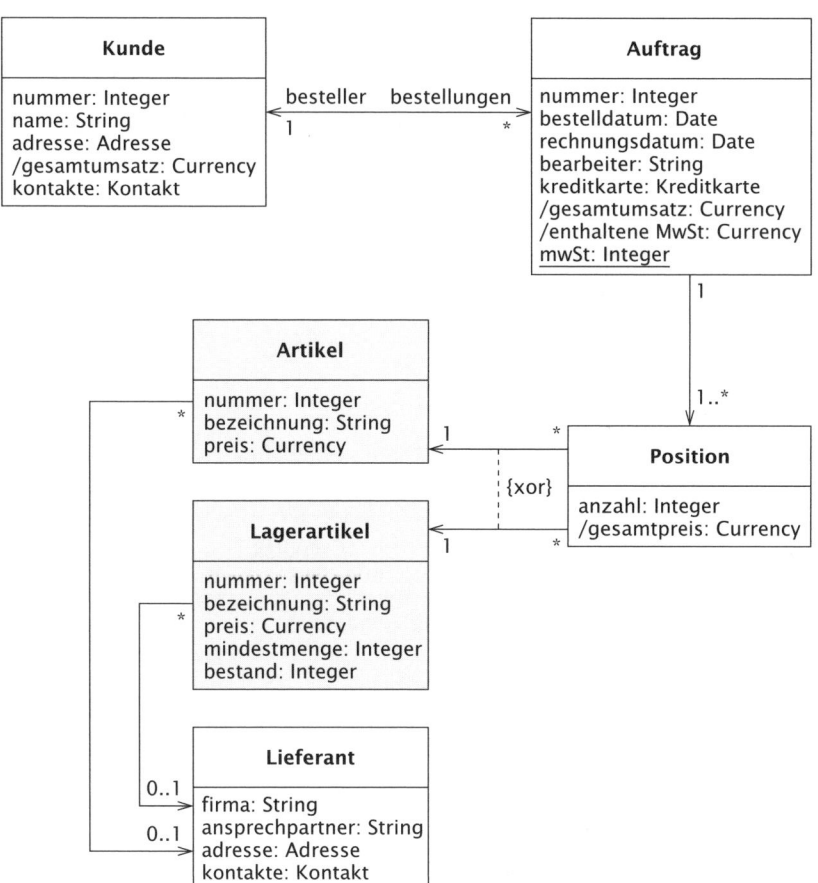

Abb. 3.3-5: OOA-Modell des Shops ohne Generalisierung zwischen Artikel und Lagerartikel.

entweder Firmenkunde oder Privatkunde ist, handelt es sich hier um eine abstrakte Klasse. Ein Auftragsobjekt kann folglich eine Objektbeziehung zu einem Firmenkundenobjekt oder zu einem Privatkundenobjekt besitzen.

Nun schlägt ein Modellierer im Team vor, das Problem mit Hilfe von zwei Rollennamen zu lösen, wie es in der Abb. 3.3-7 skizziert ist. Der Name des Ansprechpartners wird bei Firmenkunden im Attribut name gespeichert und bei Privatkunden bleibt das Attribut firma leer. Die xor-Einschrän-

... und
Lösung 2:
Rollennamen

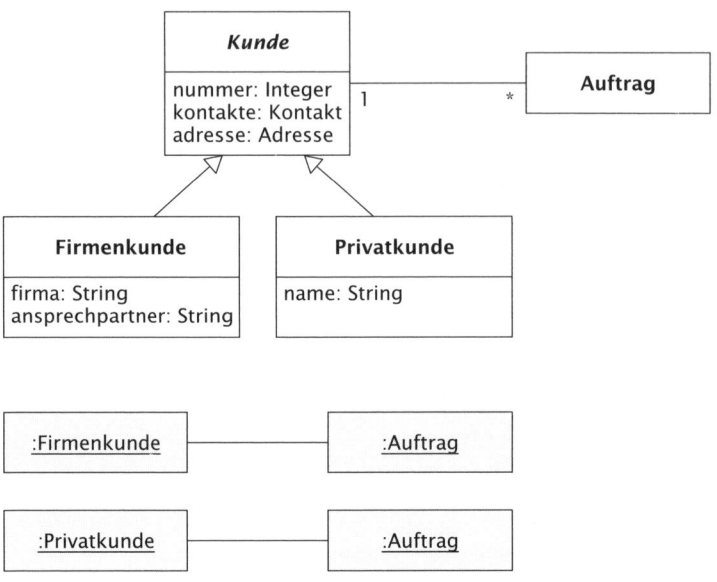

Abb. 3.3-6: Lösung 1: Generalisierung.

kung sagt aus, dass ein Auftragsobjekt eine Objektbeziehung zu einem Kundenobjekt entweder über die Rolle privatkunde oder über die Rolle firmenkunde besitzt. Wäre dies eine gleichwertige oder gar bessere Lösung, weil zwei Klassen »eingespart« werden? Ein Kundenobjekt weiß bei dieser Lösung nicht, ob es ein Firmenkunde oder ein Privatkunde ist. Es kann dies eigentlich nur daran erkennen, dass das Attribut firma leer ist. Ein größerer Nachteil ergibt sich, wenn für Firmen- und Privatkunden noch weitere – unterschiedliche – Attribute gespeichert werden sollen. Dann besitzt ein Kundenobjekt in jedem Fall etliche Attribute, die nie einen Wert annehmen können. Es handelt sich daher um *keine* optimale Lösung für die Problemstellung.

... und
Lösung 3:
Assoziationen

Als weitere Lösung schlägt ein Mitglied des Teams vor, dass die Problemstellung wie in der Abb. 3.3-8 modelliert wird. Wie bei der ersten Lösung ergeben sich drei Klassen. Die Klassen Kunde und Firmenkunde sind nicht durch einen Generalisierungspfeil, sondern eine Assoziation verbunden. Analoges gilt für Kunde und Privatkunde. Da jeder Kunde entweder Privatkunde oder Firmenkunde sein kann, muss die xor-Ein-

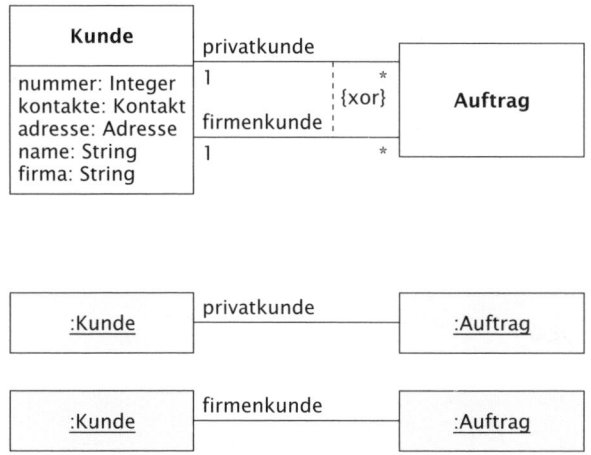

Abb. 3.3-7: Lösung 2: Rollennamen.

schränkung eingetragen werden. Obwohl sich Lösung 1 und 3 vom Klassendiagramm her relativ ähnlich sehen, können Sie im Objektdiagramm gravierende Unterschiede erkennen. Bei dieser Lösung sind die Attribute eines Firmenkunden auf zwei Objekte verteilt: Kundenobjekt und Firmenkundenobjekt. Bei Erweiterungen ist diese Lösung genauso flexibel wie die Generalisierungsstruktur. Neue Attribute für Firmenkunden werden einfach in dieser Klasse hinzugefügt. Analoges gilt für Privatkunden. Gemeinsame Attribute werden in die Klasse Kunde eingetragen. Beim Zugriff auf Attribute sind jedoch immer zwei Objekte betroffen. Daher ist auch diese Lösung *nicht* optimal.

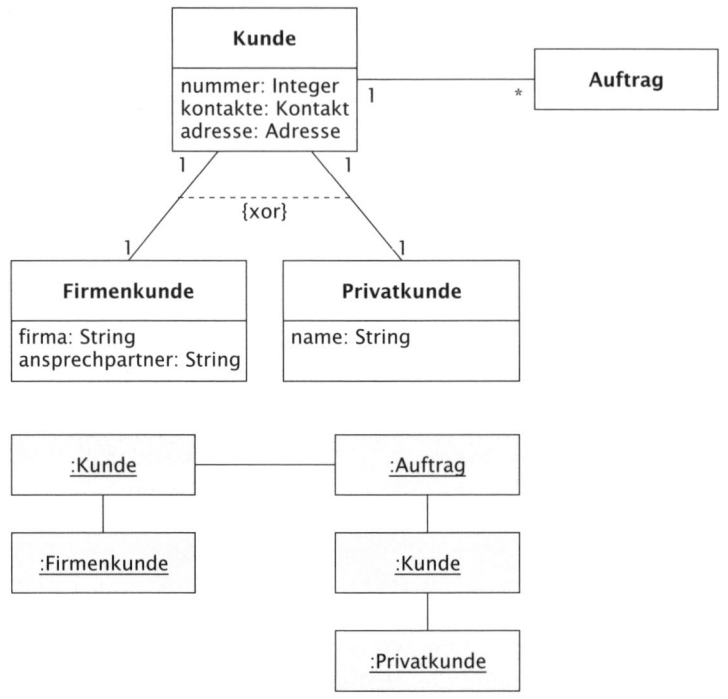

Abb. 3.3-8: Lösung 3: Assoziationen.

Quiz of the 3rd day
Lösung
Großvater, Vater und Sohn gehen angeln.

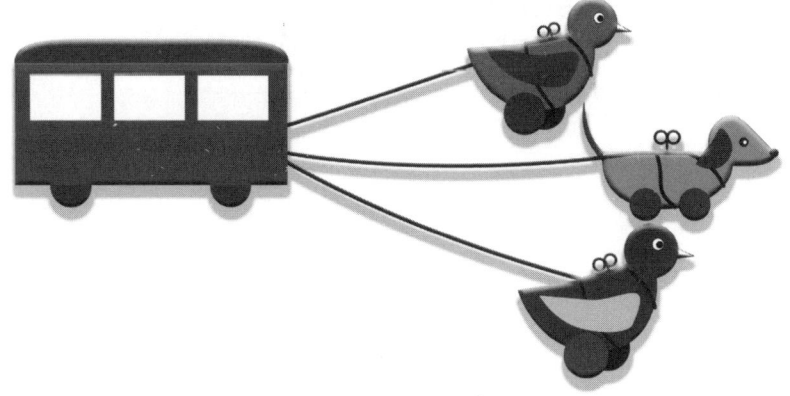

4

of the 4th day

Ich gehe ohne Regenschirm, Regenmantel oder Hut eine Stunde eine baumlose Landstrasse entlang.
Wie kann ich trotzdem vermeiden, nass zu werden?

4 Use-Cases – Funktionalität für den Benutzer

Softwaresysteme werden erstellt, um mit ihrer Hilfe bestimmte Aufgaben auszuführen. Dafür stellen sie dem Benutzer eine Reihe von Funktionen zur Verfügung. Dieses Kapitel beschäftigt sich damit, wie diese Funktionalität mit Hilfe der UML beschrieben werden kann:

* »Use-Case-Modell – Funktionalität im Überblick«, S. 79
* »Aktivitätsdiagramme – *Workflows* der UML«, S. 86
* »Operationen – die objektorientierten Funktionen«, S. 92
* »Sequenzdiagramme – die Interaktion der Objekte«, S. 96
* »Zustandsdiagramme – der Lebenszyklus der Objekte«, S. 99

4.1 Use-Case-Modell – Funktionalität im Überblick

Die Funktionalität, die der Benutzer ausführt, um ein gewünschtes Ergebnis zu erhalten oder ein Ziel zu erreichen, wird als Use-Case bezeichnet. Die Menge aller Use-Cases bildet das Use-Case-Modell. Jeder Use-Case wird durch eine Menge von Szenarien dokumentiert, die diverse Wege durch den Use-Case beschreiben.

Die wohl wichtigste Aufgabe im *Shop* ist die Bearbeitung einer eingehenden Bestellung. Alle Daten der Kundenbestellung müssen erfasst und zum Schluss muss eine Rechnung ausgedruckt werden. Vor der Inbetriebnahme des *Shops* müssen alle angebotenen Artikel erfasst werden.

Verfeinerung der Problembeschreibung

Use-Case

Ein **Use-Case** (*use case*) beschreibt die Funktionalität des Softwaresystems, die ein Akteur ausführen muss, um ein gewünschtes Ergebnis zu erhalten oder um ein Ziel zu erreichen. Use-Cases sollen es Ihnen ermöglichen, mit dem zukünftigen Benutzer über die Funktionalität des Softwaresystems zu sprechen, ohne sich gleich in Details zu verlieren.

Use-Case – zielgerichtet, ergebnisorientiert

Ein **Akteur** (*actor*) ist eine Rolle, die ein Benutzer des Softwaresystems spielt. Akteure können Menschen oder auch

Akteur – immer außerhalb

automatisierte Systeme sein. Sie befinden sich stets außerhalb des Systems.

Use-Case –
Benutzer-
funktion auf
höchster Ebene

Der wichtigste Use-Case des *Shops* ist die Bearbeitung eines Auftrags durch den Kundensachbearbeiter. Das Ergebnis dieses Use-Cases ist die ausgedruckte Rechnung, die an das Lager als Vorgabe für das Packen der Ware gegeben wird. Bei diesem Use-Case geht man davon aus, dass nur Artikel bestellt werden, die in ausreichender Menge im Lager sind. Zuerst wird geprüft, ob der Kunde bereits existiert. Falls ja, ist festzustellen, ob sich dessen Daten geändert haben. Andernfalls wird ein neuer Kunde erfasst. Anschließend müssen alle Auftragspositionen eingegeben werden und zum Schluss ist die Rechnung zu drucken. Dieser Use-Case setzt sich aus vielen kleinen Funktionen zusammen, z. B. Kunde erfassen, Auftragspositionen erfassen und Artikel auswählen. Mittlere und große Softwaresysteme bestehen aus Hunderten oder Tausenden solcher kleiner Funktionen. Wer den Überblick behalten will, sollte in jedem Use-Case die Funktionalität auf einer hohen Abstraktionsebene beschreiben.

So spezifizieren
Sie Use-Cases

Jeder Use-Case muss einen eindeutigen Namen besitzen, der aussagt, was der Use-Case »macht«. Er soll daher immer ein Verb enthalten. Das Use-Case-Modell soll die Funktionalität unabhängig von der Benutzungsoberfläche modellieren. Die Trennung von Funktionalität und Benutzungsoberfläche ist ein Grundprinzip der Modellierung. Benutzungsoberflächen ändern sich aufgrund neuer Techniken schnell und oft muss die Software auf verschiedenen Plattformen laufen. Einfache Use-Cases können umgangssprachlich beschrieben werden. Für komplexere Use-Cases stehen die Use-Case-Schablone und das Aktivitätsdiagramm zur Verfügung (siehe Kapitel »Aktivitätsdiagramme – Workflows der UML«, S. 86).

Use-Case-Diagramm

Use-Case-
Diagramm –
Funktionalität
im Überblick

Um grafisch zu spezifizieren, wer mit welchem Use-Case arbeitet, bietet die UML das **Use-Case-Diagramm** *(use case diagram)*. Es gibt auf hohem Abstraktionsniveau einen guten Überblick über das System und seine Schnittstellen zur Umgebung. Die Akteure werden häufig als Strichmännchen eingetragen, die Use-Cases als Ovale. Der Name des Use-Case wird entweder in dieses Oval eingetragen oder darunter geschrieben. Eine Linie zwischen Akteur und Use-Case bedeutet, dass eine Kommunikation stattfindet. Abb. 4.1-1 modelliert den wichtigsten Use-Case des *Shops* und den zugehörigen Akteur.

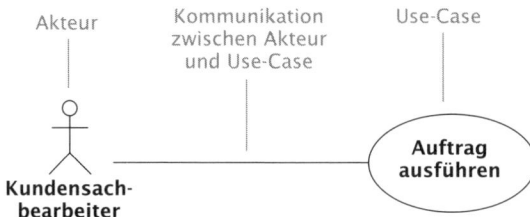

Abb. 4.1-1: Use-Case-Diagramm.

In das Use-Case-Diagramm können zusätzlich die Grenzen des betrachteten Softwaresystems eingetragen werden. In der Abb. 4.1-2 ist der »normale« *Shop* grau dargestellt. Er enthält die beiden Use-Cases Auftrag ausführen und Artikel erfassen. Bei der Ausführung eines Auftrags werden die Bestellungen vom Kundensachbearbeiter entgegengenommen und mithilfe der Software bearbeitet. Die Eingabe der Artikel erfolgt manuell durch eine Hilfskraft. Alternativ oder ergänzend wäre auch ein Use-Case möglich, der eine automatische Übernahme der Artikeldaten aus einem Altsystem ermöglicht. In diesem Fall würde die entsprechende Softwareschnittstelle als Akteur eingetragen.

Systemgrenzen – Akteure außen, Use-Cases innen

Im zweiten Schritt wird der *Shop* zum *Online-Shop* weiterentwickelt, d. h. um die Funktionalität für das Einkaufen im Internet erweitert. Für den *Online-Shop* (weiß modelliert) lassen sich vier Use-Cases identifizieren. Die Erfassung der Artikel und die Bearbeitung »normaler« Bestellungen bleiben wie bisher. Der Use-Case Online-Auftrag erteilen ermöglicht dem Kunden den Einkauf im Internet. Der eingehende Online-Auftrag wird dann vom Kundensachbearbeiter ausgeführt.

Vom Shop zum Online-Shop

Im *Shop* und im *Online-Shop* beschreiben die angegebenen Use-Cases die komplette Funktionalität aus Sicht der zukünftigen Benutzer auf einem hohen Abstraktionsniveau. Details, wie das Ändern von Artikelpreisen oder die Angabe von Lieferanten für die Artikel, werden erst sichtbar, wenn

Use-Case-Modell – komplette Funktionalität

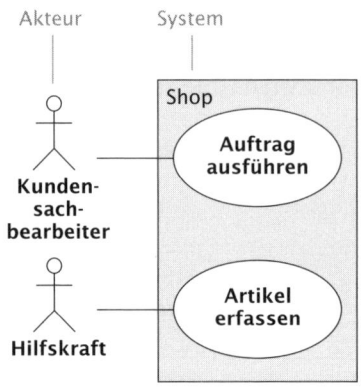

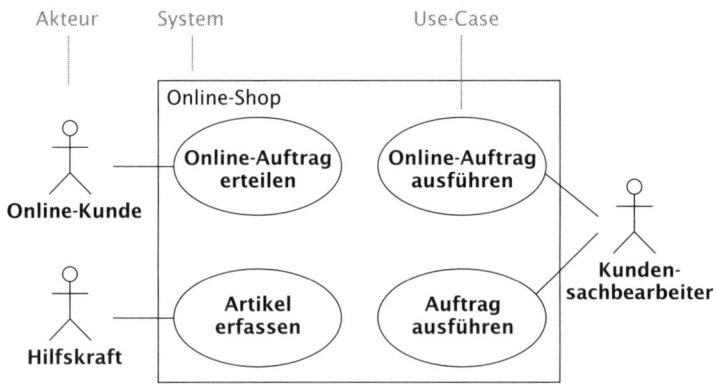

Abb. 4.1-2: Use-Case-Diagramme für Shop und Online-Shop.

der entsprechende Use-Case genauer spezifiziert wird. Die Menge aller Use-Cases in einem Softwaresystem wird in der UML als **Use-Case-Modell** (*use case model*) bezeichnet. Es enthält die komplette Funktionalität der Software und ersetzt die traditionellen funktionalen Anforderungen.

extend – vom Einfachen zum Komplizierten

Use-Cases modellieren die funktionale Struktur der Anwendung auf einer hohen Abstraktionsebene. Bei einem komplexen Use-Case ist es sinnvoll, zunächst den Basis-Use-Case zu beschreiben, der dann Stück für Stück erweitert wird. Diese Vorgehensweise besitzt den Vorteil, dass die Standardfunktionalität leicht zu verstehen ist und die Komplexität erst im nächsten Schritt integriert wird. Die UML bietet für die Modellierung dieser Erweiterungen die **extend-Beziehung** (*extend relationship*) an. Beispielsweise könnten in einer späteren Version des *Shops* auch die Bestellungen beim Lieferanten softwaretechnisch unterstützt werden. Abb. 4.1-3 zeigt, wie diese Erweiterung des ursprünglichen Use-Case modelliert wird. Die Pfeilspitze der gestrichelten Linie zeigt auf den Basis-Use-Case Auftrag ausführen. Dieser kann an bestimmten Stellen – die *Extension Points* genannt werden – durch den Use-Case Artikel bei Lieferant beziehen erweitert werden. Dann kann der Basis-Use-Case allein ausgeführt werden oder zusätzlich die erweiterte Funktionalität enthalten.

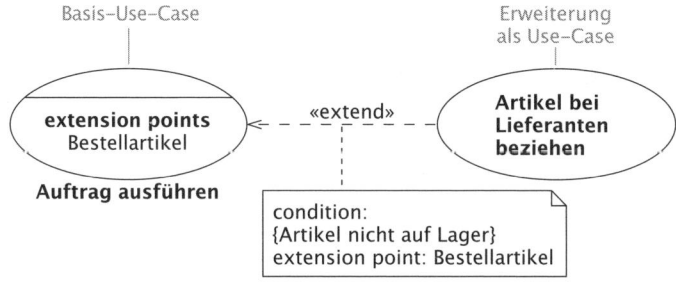

Abb. 4.1-3: extend-Beziehung zur Erweiterung der Basis-Funktionalität.

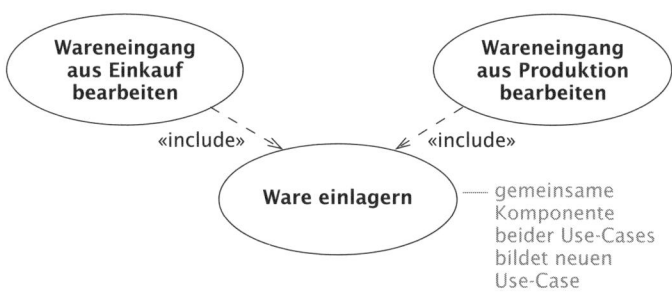

Abb. 4.1-4: include-Beziehung.

Ein wesentliches Ziel der Modellierung ist – analog zum Programmieren – dass die gleiche Funktionalität *nicht* mehrmals beschrieben wird und dadurch unerwünschte Redundanzen entstehen. Wenn zwei oder mehr Use-Cases gemeinsames Verhalten besitzen, dann sollte diese Funktio-

include – Redundanz vermeiden

nalität durch einen separaten Use-Case beschrieben werden, der mit der *include*-Beziehung angebunden wird. Die **include-Beziehung** *(include relationship)* verbindet einen Basis-Use-Case und einen Use-Case, der eingefügt wird. Bei dieser Beziehung zeigt die Pfeilspitze auf den einzufügenden Use-Case. Um den Basis-Use-Case auszuführen ist immer die Ausführung des Teil-Use-Cases notwendig. In der Abb. 4.1-4 verwenden die beiden Use-Cases Wareneingang aus Einkauf bearbeiten und Wareneingang aus Produktion bearbeiten den Use-Case Ware einlagern.

Akteure und Use-Cases identifizieren

Für die Modellierung von Use-Case-Diagrammen ist folgende Checkliste nützlich:

- Wer wird das Softwaresystem benutzen?
- Wer gibt Daten in das Softwaresystem ein?
- Wer erhält Daten aus dem Softwaresystem?
- Welche Aufgaben werden die Akteure mit dem Softwaresystem durchführen?
- Welches Ergebnis will der Akteur nach der Ausführung eines Use-Case erhalten? Welches Ziel will er erreichen?
- Was ist der Standardfall eines Use-Case?
- Welche Erweiterungen und Sonderfälle sind bei einem Use-Case möglich?
- Besitzen Use-Cases gemeinsame Funktionalität?

Szenarien

Szenario – ein Weg durch den Use-Case

Ein Use-Case beschreibt im Allgemeinen mehrere Wege durch das System. Jeder Weg wird als ein Szenario bezeichnet. Abb. 4.1-5 zeigt den Zusammenhang zwischen dem Use-Case und den zugehörigen Szenarien. Für jeden Use-Case gibt es einen Standard-Ablauf und mehrere alternative Wege. Ein Use-Case ist vergleichbar mit einer Straßenkarte, die Ihnen alle Möglichkeiten zeigt, vom Start zum Ziel zu kommen. Ein Szenario ist genau eine einzige Wegbeschreibung vom Start zum Ziel. Je weiter Start und Ende voneinander entfernt sind und je mehr Straßen es gibt, desto mehr Wegbeschreibungen sind denkbar. Genauso sieht es bei der Modellierung der Funktionalität aus: Während sich für ein Softwaresystem mittlerer Komplexität einige Dutzend Use-Cases aufstellen lassen, kann es zu jedem Use-Case wieder Dutzende von Szenarien geben.

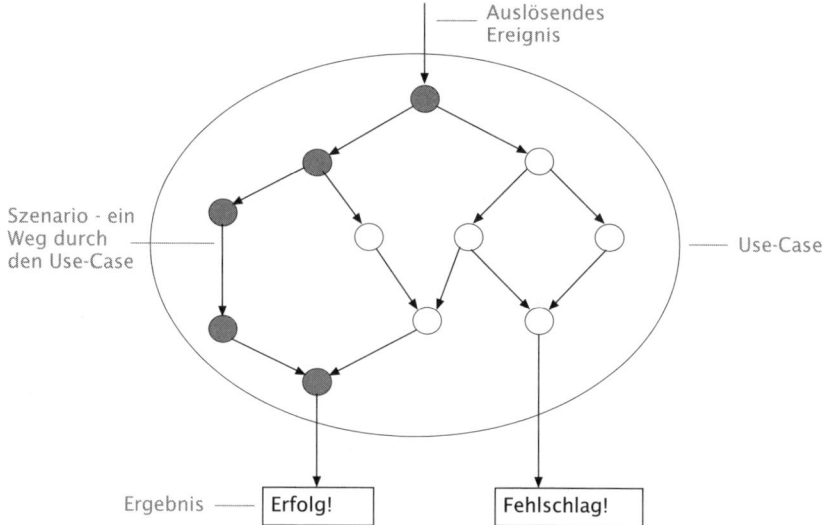

Abb. 4.1-5: Use-Case und Szenarien.

Ein **Szenario** (*scenario*) ist eine Sequenz von Funktionen oder Verarbeitungsschritten, die unter bestimmten Bedingungen ausgeführt wird. Das Szenario beschreibt einen konkreten Weg durch den Use-Case vom auslösenden Ereignis bis zum Ergebnis.

*Szenario –
Sequenz von
Funktionen*

Aus dem Use-Case Auftrag ausführen lassen sich folgende Szenarien ableiten:

*Beispiel-
Szenarien*

1   Ein »alter« Kunde erteilt einen Auftrag und bestellt Artikel, die sich in ausreichender Menge auf Lager befinden.
2   Ein »alter« Kunde, dessen Daten sich geändert haben, erteilt einen Auftrag und bestellt Artikel, die sich in ausreichender Menge im Lager befinden.
3   Ein Neu-Kunde erteilt einen Auftrag und bestellt Artikel, die sich in ausreichender Menge auf Lager befinden.

Für das Identifizieren von Szenarien ist folgendes Vorgehen nützlich:

*Szenarien
identifizieren*

■   Entwickeln Sie aus jedem Use-Case mehrere Szenarien. Unterscheiden Sie:
☐   Standardfall und Sonderfälle.
☐   Erfolgsfall und Fehlerfälle.

■ Beschreiben Sie jedes Szenario in Textform:
- ☐ Name bzw. Kurzbeschreibung.
- ☐ Alle Vorbedingungen, die zu dieser Ausführung des Use-Case führen.

4.2 Aktivitätsdiagramme – *Workflows* der UML

Use-Cases können – je nach Komplexität – mit verschiedenen Techniken beschrieben werden. Dazu gehören die Use-Case-Schablone und das Aktivitätsdiagramm.

Verfeinerung der Problembeschreibung

Im einfachsten Fall kann jeder Auftrag wie gewünscht ausgeführt werden. Kundenbestellungen können per Fax, per Telefon und auch per Post eingehen. Sie können sowohl von einem Neu-Kunden als auch von einem Kunden stammen, der bereits in der Datenbank gespeichert ist. Im Allgemeinen handelt es sich bei den bestellten Artikeln um Lagerartikel, die in ausreichender Stückzahl vorhanden sind. Einige Artikel werden grundsätzlich nicht auf Lager gehalten. Verlangt der Kunde diese Artikel, dann müssen sie erst vom Lieferanten bezogen oder hergestellt werden. Zum Schluss wird die Kreditkarte des Kunden belastet, die Rechnung gedruckt und als Auftrag an das Lager weitergegeben. In einem realen *Shop* sind bei der Ausführung einer Kundenbestellung zahlreiche Sonderfälle denkbar, beispielsweise, dass eine Kundenbestellung nicht komplett ausgeführt werden kann, Nachlieferungen notwendig sind und der Besteller über Verzögerungen informiert werden muss.

Use-Case-Schablone

Schablone – zur Spezifikation

Einfache Use-Cases können umgangssprachlich beschrieben werden. Für komplexere Use-Cases bietet sich eine **Use-Case-Schablone** (*use case template*) an, die sicherstellt, dass nichts Wichtiges vergessen wird. Die folgende Schablone gehört *nicht* zur UML, ist aber eine ausgezeichnete Alternative zu Aktivitätsdiagrammen:

Use-Case-Schablone

Use-Case: Name, bestehend aus zwei oder drei Wörtern (was wird getan?).
Ziel: globale Zielsetzung bei erfolgreicher Ausführung des Use-Cases.

Kategorie: primär (notwendig und häufig verwendet), sekundär (notwendig und selten verwendet) oder optional (nützlich, aber nicht notwendig).

Vorbedingung: Der Use-Case kann nur ausgeführt werden, wenn die Vorbedingung erfüllt ist.

Nachbedingung Erfolg: Die Nachbedingung kann Vorbedingung für einen anderen Use-Case sein.

Nachbedingung Fehlschlag: Erwarteter Zustand, wenn das Ziel nicht erreicht werden kann.

Akteure: Personen, Organisationen oder andere Systeme, die an dem Use-Case beteiligt sind.

Auslösendes Ereignis: Wenn dieses Ereignis eintritt, dann wird der Use-Case initiiert.

Beschreibung: Beschreibung des Standardfalls
1 Erste Aktion
2 Zweite Aktion
Erweiterungen: Erweiterungen des Standardfalls
1a Erweiterung des Funktionsumfangs der ersten Aktion
Alternativen: Alternativen des Standardfalls
1a Alternative Ausführung der ersten Aktion
1b Weitere Alternative zur ersten Aktion

Der Use-Case Auftrag ausführen wird mit einer Schablone spezifiziert. Als Standardfall gilt, dass die Bestellung von einem bereits gespeicherten Kunden erteilt wird und dass alle bestellten Artikel im Lager vorrätig sind.

Use-Case Auftrag ausführen

Use-Case: Auftrag ausführen
Ziel: Rechnung erstellt
Kategorie: primär
Vorbedingung: Artikel sind erfasst
Nachbedingung Erfolg: Rechnung erstellt
Nachbedingung Fehlschlag: Auftrag nicht ausführbar
Akteure: Kundensachbearbeiter
Auslösendes Ereignis: Auftrag (Bestellung des Kunden) trifft ein
Beschreibung:
1 Kundendaten abrufen
2 Auftragspositionen erfassen
3 Kreditkarte belasten
4 Rechnung drucken
Erweiterungen:
1a Kundendaten aktualisieren

Alternativen:
1a Neukunden erfassen

Aktivitätsdiagramm

Aktivitäts-
diagramm –
Workflow
grafisch
darstellen

Das **Aktivitätsdiagramm** (*activity diagram*) ist ein Ablauf-
diagramm, mit dem die einzelnen Schritte in einem Use-Case
grafisch modelliert werden können. Es ist besonders gut dafür geeignet, komplexe *Workflows* übersichtlich darzustellen. Abb. 4.2-1 modelliert den beschriebenen Arbeitsablauf
zum Ausführen eines Auftrags als Aktivitätsdiagramm. Eine **Aktivität** *(activity)* wird durch ein großes Rechteck mit
abgerundeten Ecken modelliert. Links oben wird der Name
der Aktivität eingetragen. Viele Aktivitäten benötigen Eingaben und produzieren Ausgaben. Sie werden durch Parameterknoten beschrieben und auf den Aktivitätsgrenzen angetragen. Jeder einzelne Verarbeitungsschritt wird in der UML
als **Aktion** *(action)* bezeichnet. Erst wenn eine Aktion vollständig ausgeführt ist, erfolgt der Übergang zur nächsten.
Die Pfeile beschreiben die Ausführungsreihenfolge.

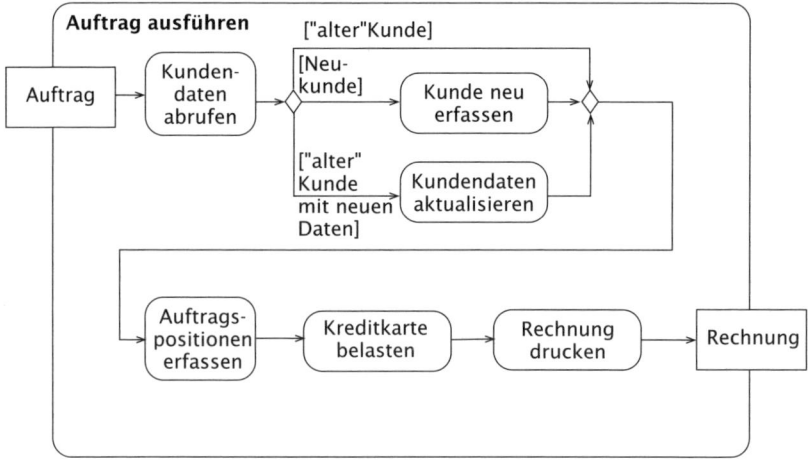

Abb. 4.2-1: Aktivitätsdiagramm zum Ausführen eines Auftrags (nur Lagerartikel).

Raute –
modelliert
Alternativen

Aktionen können nicht nur sequenziell, sondern in Abhängigkeit von einer Bedingung ausgeführt werden. Eine **Entscheidung** *(decision node)* wird durch eine Raute darge-

stellt, die einen Eingangspfeil und zwei oder mehr Ausgangspfeile besitzt. Jeder Ausgangspfeil wird mit einer Bedingung beschriftet. Diese Bedingungen dürfen sich natürlich nicht überlappen, da sonst Mehrdeutigkeiten entstehen. Außerdem sollen alle Möglichkeiten abgedeckt sein. Die Raute wird auch verwendet, um eine **Zusammenführung** *(merge node)*, d. h. das Ende einer Verzweigung, zu modellieren. Eine nachfolgende Aktion wird erst ausgeführt, wenn genau ein alternativer Pfad durchlaufen ist.

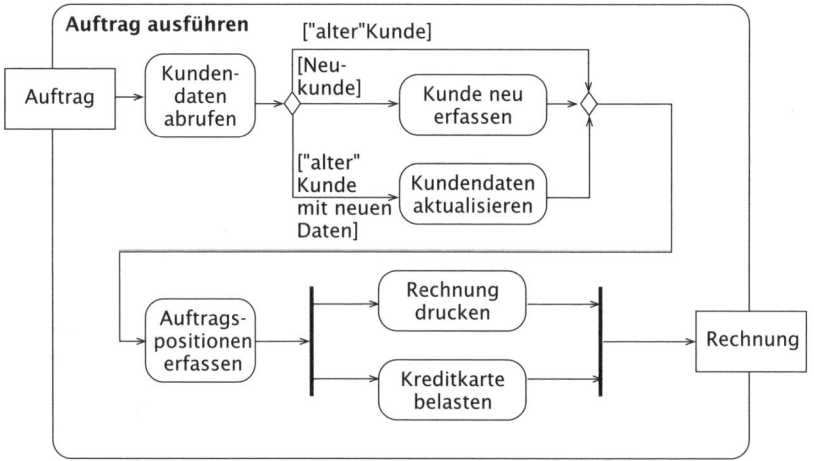

Abb. 4.2-2: Aktivitätsdiagramm zum Ausführen eines Auftrags.

In vielen Fällen wird ein Aktivitätsdiagramm verwendet, um den sequenziellen Ablauf der einzelnen Verarbeitungsschritte zu zeigen. Aus fachlicher Sicht ist es jedoch oft egal, in welcher Reihenfolge bestimmte Bearbeitungsschritte ausgeführt werden. Sie können in beliebiger Reihenfolge oder auch zeitlich nebeneinander ausgeführt werden. Eine weitere Verarbeitung soll aber erst dann möglich sein, wenn alle davor liegenden Bearbeitungsschritte ausgeführt sind. Beispielsweise können die Verarbeitungsschritte Kreditkarte belasten und Rechnung drucken, die im Aktivitätsdiagramm der Abb. 4.2-1 nacheinander ablaufen, auch in beliebiger Reihenfolge ausgeführt werden. Diese alternative Modellierung ist in der Abb. 4.2-2 dargestellt. Die UML bietet dafür die Notation von **Splitting** *(fork node)* und **Synchronisation** *(join node)* an. Bei einem *Splitting*-Knoten verzweigt der

Balken – modelliert Parallelität

Kontrollfluss in mehrere parallele Pfade. Er hat immer einen Eingangs- und mehrere Ausgangspfeile. Die Synchronisation vereinigt die Kontrollflüsse wieder. Dementsprechend besitzt sie mehrere Eingangspfeile und einen Ausgangspfeil. Diese Elemente werden im Aktivitätsdiagramm durch einen Balken (*bar*) dargestellt. Im Gegensatz zur Raute wird hier eine nachfolgende Aktion erst ausgeführt, wenn *alle* parallelen Pfade durchlaufen sind.

Start- und Endknoten
Der Startknoten (*initial node*) in einem Aktivitätsdiagramm wird durch einen kleinen schwarzen Kreis dargestellt. Er muss nicht unbedingt vorhanden sein. In diesem Fall startet die Aktivität, wenn die notwendigen Daten (Eingabeparameter) vorhanden sind. Ein kleiner schwarzer Kreis mit einem umschließenden Ring kennzeichnet das Ende einer Aktivität. Wird dieser Endknoten (*final node*) erreicht, dann werden sämtliche Aktionen in der Aktivität sofort beendet.

Notation Aktivitätsdiagramm
Abb. 4.2-3 zeigt die einzelnen Elemente des Aktivitätsdiagramms im Überblick.

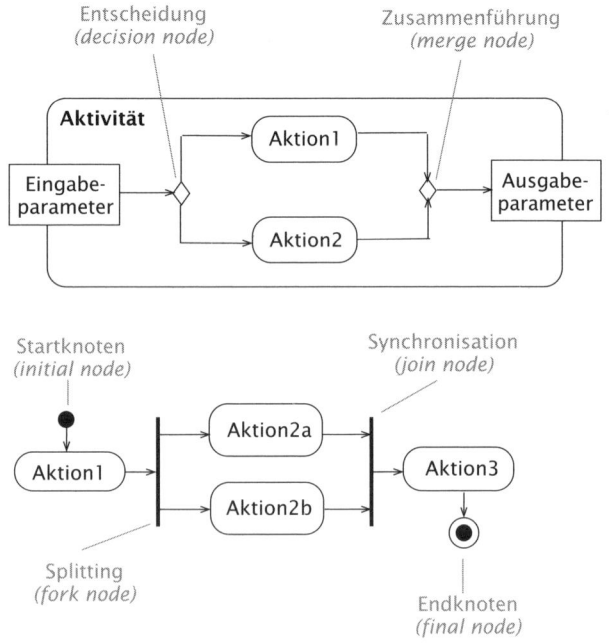

Abb. 4.2-3: Notation für Aktivitätsdiagramm.

Beim Modellieren von Use-Cases und Arbeitsabläufen ist es oft nützlich zu wissen, welche organisatorische Einheit für bestimmte Verarbeitungsschritte verantwortlich ist. Die UML ermöglicht es, die Verarbeitungsschritte eines Aktivitätsdiagramms entsprechend zu gruppieren. Diese Gruppen werden **Aktivitätsbereiche** (*activity partitions*) genannt. Da ihre Darstellung an die Bahnen in einem Schwimmbad erinnert, spricht man auch von Schwimmbahnen. In der Abb. 4.2-4 werden die ersten beiden Aktionen innerhalb des Aktivitätsbereichs Verkauf und die Aktion Kreditkarte belasten innerhalb des Bereichs Buchhaltung durchgeführt.

Aktivitätsbereiche – zeigen, wer verantwortlich ist

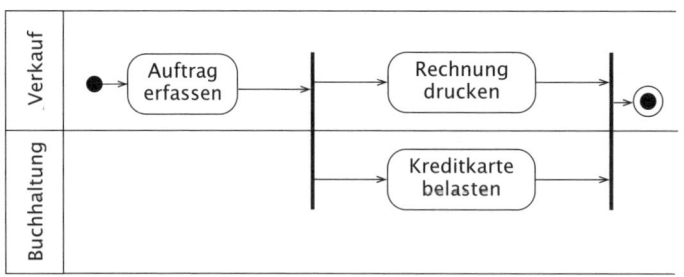

Abb. 4.2-4: Modellierung von Aktivitätsbereichen durch Schwimmbahnen.

Um Aktivitäten zu modellieren ist die folgende Checkliste nützlich:

Aktivitätsdiagramm erstellen

▪ Welches Ereignis oder welche Eingabedaten lösen die Verarbeitung aus?
▪ Welche Voraussetzungen (Vorbedingungen) müssen erfüllt sein, damit der Use-Case ausgeführt werden kann?
▪ Wie sieht der Standardfall aus?
▪ Welches Ziel soll im Erfolgsfall erreicht werden?
▪ In welcher Reihenfolge sollen die Aktionen ausgeführt werden?
▪ Werden Aktionen nur unter bestimmten Bedingungen ausgeführt?
▪ Können Aktionen parallel ausgeführt werden?
▪ Sollen Aktivitätsbereiche modelliert werden?
☐ Wenn ja, dann sollten Sie die wichtigsten Aktionen in den obersten Bereich eintragen.

4.3 Operationen – die objektorientierten Funktionen

Eine wesentliche Eigenschaft der Objektorientierung ist die Kapselung von Daten (Attributen) und Funktionen zu einer Einheit. Die »Funktionen« von Klassen werden als Operationen bezeichnet.

Am ersten Tag wurden für die Klassen nur deren Attribute modelliert. Eine wesentliche Eigenschaft der Objektorientierung ist die Kapselung von Daten (Attribute) und zugehörigen Funktionen zu einer Einheit. Die »Funktionen« von Klassen werden als Operationen oder als Methoden bezeichnet.

Operation – Funktion in der Objektorientierung

Eine **Operation** (*operation*) ist eine Dienstleistung, die von einer Klasse zur Verfügung gestellt wird. Alle Objekte einer Klasse verwenden dieselben Operationen. Jede Operation kann auf alle Attribute eines Objekts dieser Klasse direkt zugreifen. Beispielsweise sind auf jedes Objekt der Klasse Auftrag die in der Abb. 4.3-1 aufgeführten Operationen anwendbar.

Auftrag
erfassen() ändern() löschen() erstelle Liste() drucke Rechnung()

Abb. 4.3-1: Operationen der Klasse Auftrag.

Operation vs. Funktion

In den klassischen prozeduralen Programmiersprachen werden Funktionen bzw. Prozeduren verwendet. Benötigte Daten werden als Parameter übergeben. Eine Funktion ist beispielsweise verdoppeln(zahl). Eine Operation wird dagegen auf ein Objekt angewendet. Soll der Inhalt des Objekts zahl (Exemplar der Klasse Zahl) verdoppelt werden, so schreibt man zahl.verdoppeln().

Notation Operation

Operationen werden analog zu den Attributen in das Klassensymbol eingetragen (Abb. 4.3-2). »Normale« Operationen werden auf einzelne Objekte angewendet. Beispielsweise wird für einen Auftrag, d.h. für ein einzelnes Objekt, die Rechnung gedruckt. Weiterhin gibt es Klassenoperationen und abstrakte Operationen. Eine Klassenoperation wird immer auf die Klasse und nicht auf ein einzelnes Objekt angewendet. Abstrakte Operationen sind für Entwurf und Implementierung wichtig. Sie besitzen im Gegensatz zu »normalen« Operationen keinen Operationsrumpf.

Klasse
operation() klassenoperation() *abstrakte Operation1()*

Abb. 4.3-2: Notation für Operation.

Die Grundidee der Objektorientierung ist, dass Objekte ihre Attribute verkapseln, d. h. die Attribute können nur über Operationen gelesen und verändert werden (Abb. 4.3-3). Durch die Spezifikation der Sichtbarkeit kann das Geheimnisprinzip realisiert oder auch umgangen werden (siehe »Attribute – die objektorientierten Datenfelder«, S. 15).

Geheimnis-
prinzip

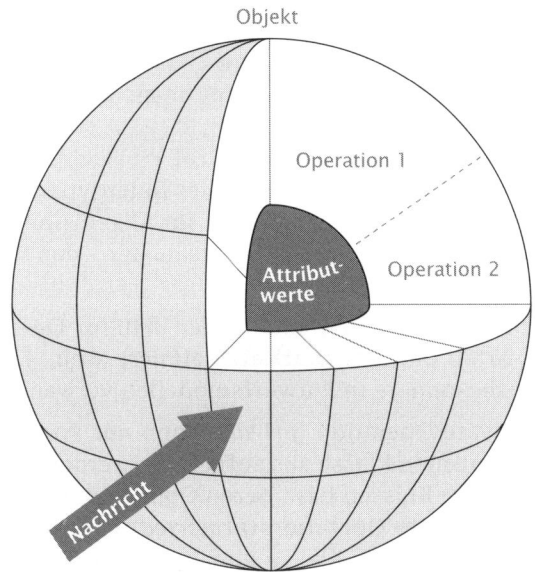

Abb. 4.3-3: Objekt als Datenkapsel.

Operations-
name

Der Operationsname soll ausdrücken, *was* die Operation leistet. Er sollte daher ein Verb enthalten, z. B. drucke Rechnung(). Der Name einer Operation sollte nach den *Style Guidelines* der UML mit einem Kleinbuchstaben beginnen und darf beliebige Zeichen enthalten. Analog zu den Attributen verwendet man insbesondere in OOD-Modellen für Namen, die aus mehreren Wörtern bestehen, oft die sogenannte Kamelköcker-Notation. Mit Ausnahme des ersten Wort beginnt jedes neue Wort mit einem Großbuchstaben, z. B. druckeRechnungUndKopie(). Analog zur Bildung von Attributnamen ist es bei der objektorientierten Analyse üblich, bei den Operationsnamen beliebige Zeichen zu verwenden.

Beschreibung
von
Operationen

Jede Operation wird – sofern ihre Funktionsweise nicht bereits aus dem Namen hervorgeht – aus Benutzersicht beschrieben. Bewährt hat sich hier eine umgangssprachliche Formulierung. Komplexe Operationen können auch mithilfe des Aktivitätsdiagramms dokumentiert werden.

Parameter

Operationen können in der UML durch Parameter spezifiziert werden, die in Klammern nach dem Namen aufgeführt werden. Die Operation addieren kann man für eine Klasse Zahl wie folgt spezifizieren: addieren(zahl: Integer);
Soll beispielsweise zu einem Objekt zahl1 eine ganze Zahl (Integer) addiert werden, so schreibt man:
zahl1.addieren(zahl2).
Beachten Sie, dass bei diesem Aufruf zahl1 ein Objekt der Klasse Zahl und zahl2 ein Exemplar des Datentyps Integer ist. Die Angabe von Parametern erfolgt im Allgemeinen nur im OOD-Modell (siehe Kapitel »Entwurfsmuster – das Rad nicht immer neu erfinden«, S. 111).

Sichtbarkeit

Analog zu den Attributen sind in der UML für Operationen folgende Arten der **Sichtbarkeit** definiert (Abb. 4.3-4). Sie werden insbesondere in Entwurfsmodellen verwendet:

- Eine private Operation (*private*) kann nur von Operationen der eigenen Klasse aus aufgerufen werden. Sie ist für alle anderen Klassen bzw. deren Objekte unsichtbar.
- Eine geschützte Operation (*protected*) kann von Operationen der eigenen Klasse und ihren Unterklassen aus aufgerufen werden.
- Eine öffentliche Operation (*public*) kann von Operationen aller Klassen bzw. deren Objekten aufgerufen werden.

▦ Eine Paket-Operation (*package*) kann von allen Klassen bzw. deren Operationen im selben Paket aufgerufen werden.

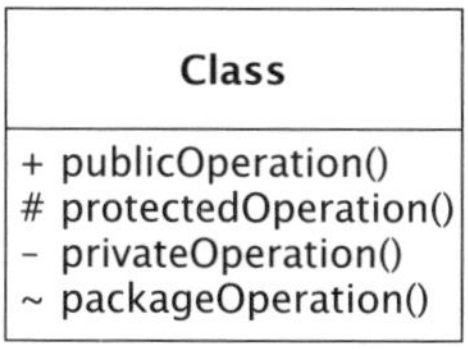

Class
+ publicOperation()   # protectedOperation()   – privateOperation()   ~ packageOperation()

Abb. 4.3-4: Sichtbarkeit von Operationen.

Analog zu Attributen und Assoziationen (siehe Kapitel »Generalisierungsstrukturen – entdecke Gemeinsamkeiten«, S. 55) werden auch Operationen an die Unterklassen vererbt (Abb. 4.3-5).

Vererbung von Operationen

1 Alle Operationen, die auf Objekte von Oberklasse angewendet werden können, sind auch auf Objekte von Unterklasse anwendbar. Die Klassenoperation der Oberklasse ist auch auf die Unterklasse anwendbar.

2 Auf die Objekte von Unterklasse können operationA() und operationB() angewendet werden.

In jedem Softwaresystem kommunizieren die Objekte miteinander. Diese Kommunikation wird oft durch den Aufruf von Operationen durchgeführt. Ein Operationsaufruf wird als Nachricht oder Botschaft bezeichnet. Eine **Nachricht** (*message*) wird definiert als die Aufforderung eines Senders an einen Empfänger, eine Dienstleistung zu erbringen. Der Empfänger interpretiert diese Nachricht und führt eine Operation aus.

Nachricht – Operationsaufruf

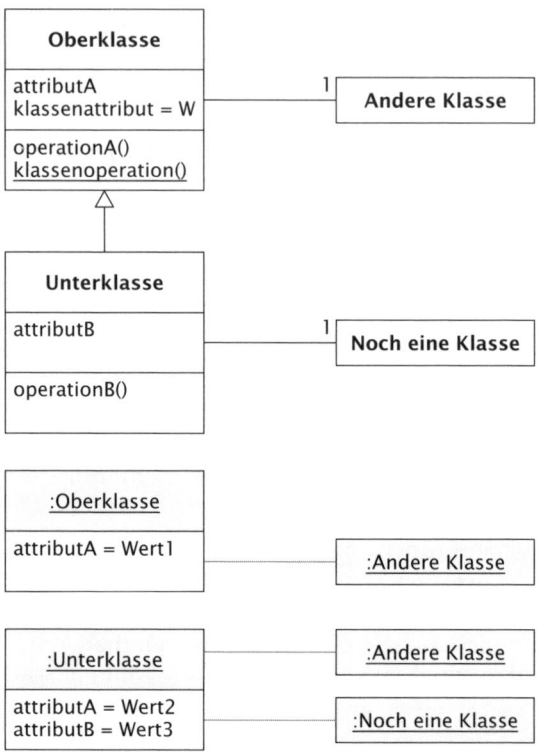

Abb. 4.3-5: Mechanismus der Vererbung für Operationen.

4.4   Sequenzdiagramme – die Interaktion der Objekte

Um zu modellieren, wie Objekte miteinander kommunizieren, um bestimmte Aufgaben auszuführen, bietet die UML das Sequenzdiagramm an. Es ermöglicht eine übersichtliche Spezifikation der Szenarien und stellt einen Zusammenhang zwischen dem Klassendiagramm und der Funktionalität her.

Sequenzdiagramm – Interaktion der Objekte

Wenn ein Objekt object1 eine Nachricht erhält, kann es selbst eine Nachricht an ein Objekt object2 schicken und dieses wiederum eine Nachricht an ein Objekt object3. Es entsteht eine Sequenz von Nachrichten zwischen Objekten. Für die Modellierung dieser Sequenzen stellt die UML das

Sequenzdiagramm zur Verfügung. Das **Sequenzdiagramm** (*sequence diagram*) zeigt, in welcher zeitlichen Reihenfolge Partner miteinander kommunizieren, um eine bestimmte Aufgabe zu erfüllen. Alle beteiligten Kommunikationspartner werden auf der Horizontalen angetragen. Die Vertikale definiert die zeitliche Reihenfolge, in der die Teilaufgaben ausgeführt werden. Die UML definiert das Sequenzdiagramm sehr allgemein und spricht von Kommunikationspartnern (*participants in the interaction*) bzw. Lebenslinien (*life lines*). In dem beschriebenen Beispiel handelt es sich bei diesen Partnern um Exemplare von Klassen. Daher werden sie der Einfachheit halber als Objekte bezeichnet.

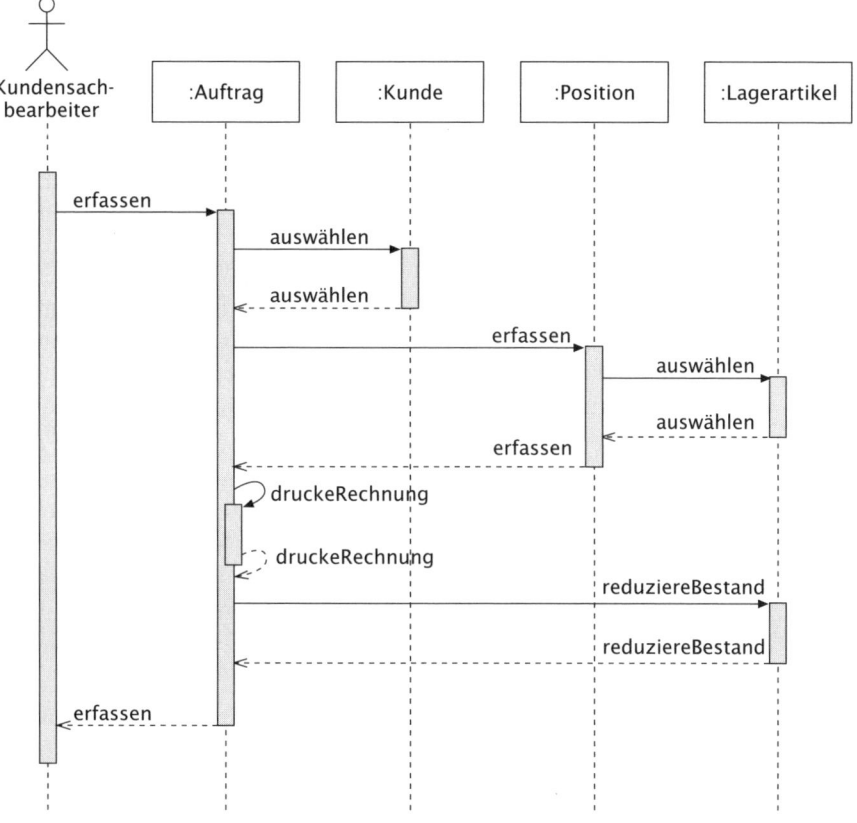

Abb. 4.4-1: Sequenzdiagramm zur Modellierung des Szenarios alter Kunde erteilt einen Auftrag.

Sequenz-
diagramm –
Szenario
grafisch
darstellen

Abb. 4.4-1 zeigt, wie ein Szenario durch ein Sequenzdiagramm modelliert wird. Es handelt sich um das Szenario »alter Kunde erteilt einen Auftrag« (Szenario 1 des Use-Case Auftrag ausführen). Jedes Objekt wird durch seine Lebenslinie dargestellt. Hierbei handelt es sich meistens um ein Rechteck mit einer gestrichelten Linie. In das Rechteck wird eingetragen, zu welcher Klasse das Objekt gehört. Im Gegensatz zum Objektdiagramm wird dieser Name *nicht* unterstrichen. Jeder Pfeil symbolisiert eine Nachricht (*message*), die beim Empfängerobjekt eine Verarbeitung auslöst. Üblicherweise werden die Objekte in einer Reihenfolge angetragen, sodass die Pfeile von links nach rechts zeigen. Die Zeitspanne, in der eine Operation vom Empfänger ausgeführt wird, ist die Aktionssequenz und wird als längliches Rechteck auf der gestrichelten Linie dargestellt. Ist die Verarbeitung abgeschlossen, dann geht der Kontrollfluss wieder zum rufenden Objekt zurück. Dies wird durch eine Rückantwort (*reply message*) an das Senderobjekt modelliert. Sie wird als gestrichelte Linie dargestellt und mit dem Namen der Operation beschriftet. Gehören Sender- und Empfängerobjekt zur selben Klasse – wie bei der Nachricht drucke Rechnung() - dann werden die Aktionssequenzen übereinander »gestapelt«.

Notation
Sequenz-
diagramm

Die UML stellt noch zahlreiche andere Notationselemente für Sequenzdiagramme zur Verfügung, die vor allem im Entwurf benötigt werden. Für Analysemodelle reichen oft die Basiselemente aus, die in der Abb. 4.4-2 dargestellt sind.

Einsatz

Sequenzdiagramme können dazu verwendet werden, um Szenarien und (einfache) Use-Cases grafisch darzustellen. Sie beschreiben nicht nur die Ausführungsreihenfolge der Operationen, sondern auch die dafür zuständigen Klassen bzw. deren Objekte. Sie stellen somit in der UML eine wichtige Verbindung zwischen der Funktionalität und dem Klassendiagramm dar.

Sequenz-
diagramm
erstellen

Für die Modellierung von Sequenzdiagrammen ist folgende Checkliste nützlich:

■ Mit welcher Nachricht beginnt die Interaktion der Objekte?

■ Welche Kommunikationspartner (Objekte) sind beteiligt?

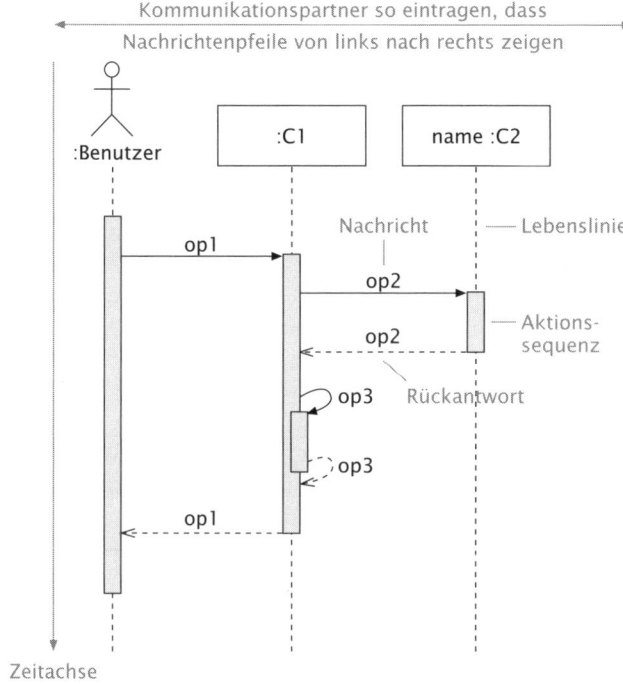

Abb. 4.4-2: Notation für Sequenzdiagramm (Basiselemente).

☐ Ordnen Sie diese so an, dass die Nachrichtenpfeile möglichst von links nach rechts gezeichnet werden.

▨ In welcher Reihenfolge werden die Operationen ausgeführt?

▨ Von welchen Objekten werden sie ausgeführt?

▨ Welche Objekte wirken im Szenario mit?

4.5 Zustandsdiagramme – der Lebenszyklus der Objekte

Die Verarbeitung von Objekten kann durch ein Zustandsdiagramm beschrieben werden. Es enthält Zustände, die durch Transitionen miteinander verbunden sind. Transitionen werden durch Ereignisse ausgelöst. Sie können durch *Guards* kontrolliert werden und sind oft mit Aktivitäten verbunden. Das Zustandsdiagramm besitzt immer einen definierten Anfang und oft ein Verarbeitungsende.

Der *Shop* enthält Artikel, die standardmäßig in einer gewissen Mindestmenge am Lager gehalten werden, um schnell auf Kundenwünsche reagieren zu können. Beispielsweise sind immer mindestens 10 Stehlampen der Artikelnummer 2394 am Lager. Erteilt nun ein Kunde einen Großauftrag, dann können diese Lampen auf einen Schlag verkauft werden und sind nun für andere Kunden erst wieder lieferbar, wenn die Lieferung vom Lieferanten eintrifft. Um die Kunden besser zu informieren, kann man im Online-*Shop* anzeigen, ob eine Lampe vorrätig oder nachbestellt ist. Vorrätige Artikel können vom Kunden sofort bestellt werden, bei nachbestellten Artikeln muss erst der Liefereingang abgewartet werden. Diese Informationen kann man in der UML in einem Zustandsdiagramm beschreiben.

Zustandsdiagramm – verbindet Zustände mit Transitionen

Ein **Zustandsdiagramm** *(state chart diagram)* besteht aus Zuständen und Transitionen bzw. Zustandsübergängen. In einem Zustand kann ein Objekt auf **Ereignisse** reagieren und in einen anderen Zustand wechseln. Ein Sonderfall tritt auf, wenn Ausgangs- und Zielzustand identisch sind. Man spricht in diesem Fall auch von einer Selbsttransition *(self transition)*. Sie können sich einen **Zustand** als eine Zeitspanne vorstellen, in der das Objekt auf ein Ereignis wartet. **Transitionen** besitzen dagegen keine Dauer, sondern finden »blitzschnell« statt und können nicht unterbrochen werden. Damit eine Transition stattfinden kann, muss ein Ereignis auftreten. Tritt in einem beliebigen Zustand ein Ereignis ein, so hängt der nächste Zustand sowohl von aktuellen Zustand als auch vom jeweiligen Ereignis ab. Der Zustand eines Objekts beinhaltet also Informationen, die sich aus den bisherigen Eingaben ergeben.

Lebenszyklus von Lagerartikeln

Abb. 4.5-1 zeigt ein einfaches – noch unvollständiges – Zustandsdiagramm für einen Lagerartikel im *Shop*. Ein Lagerartikel, der neu in das Sortiment aufgenommen wird, befindet sich zunächst im Zustand erfasst. Zu diesem Zeitpunkt ist der Lagerartikel zwar im System gespeichert, aber es sind noch keine Exemplare im Lager vorhanden. Trifft eine Lieferung ein (Ereignis lieferung), dann findet ein Zustandsübergang in den Zustand vorrätig statt. Normalerweise dürfte sich ein Lagerartikel in diesem Zustand befinden, da bei Lieferungen und auch bei »normalen« Verkäufen (Ereignis verkauf) ein Übergang in den gleichen Zustand erfolgt. Eine Ausnahme liegt vor, wenn das letzte Exemplar verkauft wird (Ereignis verkauf letztes Exemplar). Dann findet ein Übergang in den Zustand nachbestellt statt. Erst wenn für den nachbestellten Artikel eine Lieferung eintrifft, dann erfolgt wieder ein Übergang in den Zustand vorrätig. Ein Objekt der Klasse Lagerartikel durchläuft nacheinander verschiedene Zustände, die die verschiedenen »Lebensabschnitte« beschreiben. Man spricht daher vom Lebenszyklus des Objekts.

In der Abb. 4.5-1 sehen Sie einen kleinen schwarzen Kreis. Er kennzeichnet den Startpunkt, der zeigt, welchen Zustand ein Objekt als Erstes einnimmt. Dieses Symbol kennzeichnet den **Anfangspseudozustand**. Man spricht hier von einem Pseudozustand, weil sich ein Objekt nicht darin aufhalten kann. Im Allgemeinen wird die Transition, die vom Anfangspseudozustand ausgeht, nicht mit einem Ereignis beschriftet. Jedes Zustandsdiagramm muss – sofern wie hier keine parallele Verarbeitung modelliert wird – genau einen Anfangspseudozustand enthalten.

Anfangs-
pseudozustand –
zeigt den
Startpunkt

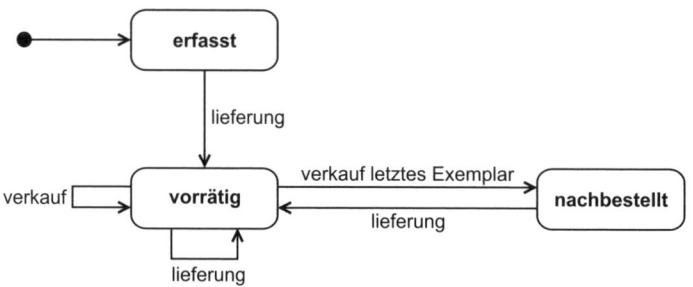

Abb. 4.5-1: Einfaches Zustandsdiagramm für einen Lagerartikel.

Im Diagramm der Abb. 4.5-1 fehlt noch eine wichtige Information, nämlich die Verarbeitung, die im Laufe des Lebenszyklus auszuführen ist. Sie wird gemäß der UML im Zustandsdiagramm durch **Aktivitäten** modelliert. Aktivitäten können sowohl bei einer Transition stattfinden, als auch in einen Zustand eingetragen werden. Da Transitionen »blitzschnell« stattfinden, dürfen auch die damit verbundenen Aktivitäten keine Dauer besitzen. Natürlich benötigt jede

Aktivitäten –
Verarbeitung im
Zustands-
diagramm

Verarbeitung eine gewisse Zeit und sei sie noch so gering. Gemeint ist hier, dass diese Verarbeitung – z. B. bei Verwendung eines Superrechners – ebenfalls blitzschnell ausgeführt werden könnte. Dies ist bei den meisten Berechnungen der Fall. Das Gegenstück dazu sind Aktivitäten wie das Erhitzen einer Flüssigkeit auf den Siedepunkt. Diese Verarbeitung braucht eine gewisse Zeit, die man durch schnellere Computer nicht beschleunigen kann. Solche Aktivitäten müssen in Zustände eingetragen werden, da Objekte nur in Zuständen eine längere Zeit verweilen können. Dies wird hier aber nur des besseren Verständnisses halber erwähnt. In diesem Einstieg werden ausschließlich Aktivitäten verwendet, die an Transitionen angetragen werden.

Aktivitäten an Transitionen

Abb. 4.5-2 zeigt, wie die Aktivitäten in das Diagramm integriert werden. Im Zustand vorrätig löst das Ereignis verkauf die Aktivität reduziereBestand aus. Sie entspricht der gleichnamigen Operation, die bereits beim Erstellen des Sequenzdiagramms identifiziert wurde. Das Ereignis lieferung löst – in allen Zuständen – immer die Aktivität erhöheBestand aus. Diese Verarbeitung entspricht einer gleichnamigen Operation, die der Klasse Lagerartikel zugeordnet wird. Das Ereignis verkauf letztes Exemplar löst die Aktivität bestellen aus, die der Operation bestellen der Klasse Lagerartikel entspricht. Im Klassendiagramm kann somit die Klasse Lagerartikel um die Operationen erhöheBestand und bestellen erweitert werden. Wie Sie sehen, dient das Zustandsdiagramm auch dazu, neue Operationen für das Klassendiagramm zu identifizieren.

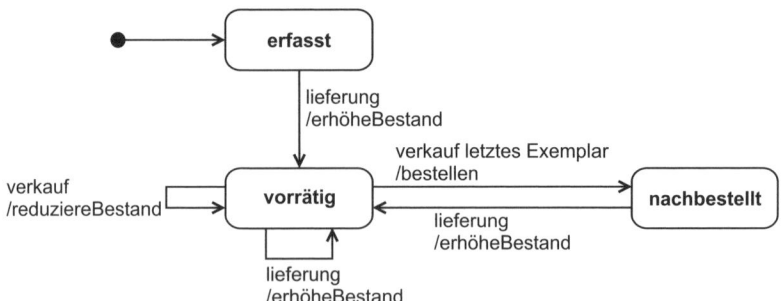

Abb. 4.5-2: Zustandsdiagramm für Lagerartikel mit Aktivitäten.

Die UML erlaubt mehrere Arten von Ereignissen, die an eine Transition angetragen werden. Dazu gehören beispielsweise externe Ereignisse, zeitliche Ereignisse und interne Ereignisse. In der Abb. 4.5-2 lösen die externen Ereignisse lieferung und verkauf die Operationen erhöheBestand und reduziereBestand aus. Aus Sicht der Benutzungsoberfläche können Sie sich dies so vorstellen, dass der *Shop*-Betreiber die entsprechenden Funktionen im Menü aufruft. Im Klassendiagramm (siehe Kapitel »Objektorientierte Strukturen modellieren – gewusst wie«, S. 67) enthält die Klasse Lagerartikel das Attribut mindestmenge. Diese Information soll dazu verwendet werden, dass das System automatisch Nachbestellungen durchführt, wenn die Mindestmenge unterschritten ist. Dies wird im Zustandsdiagramm der Abb. 4.5-3 durch das Ereignis [bestand < mindestmenge] realisiert. Es handelt sich hier um ein internes Ereignis, das durch die Änderung von Attributwerten ausgelöst wird und es aktiviert die Operation bestellen. Das Zustandsdiagramm der Abb. 4.5-2 besitzt noch eine wesentliche Schwachstelle. Nehmen Sie an, dass sich ein Lagerartikel im Zustand nachbestellt befindet, aber der Lieferant ihn nicht mehr liefern kann. Ebenso wäre es möglich, dass vom Lieferanten auf die Bestellung einfach keine Reaktion erfolgt. In beiden Fällen würde dieser Artikel im *Shop* als »nachbestellt« gekennzeichnet. Kunden würden mit ihrer Bestellung eventuell warten, weil sie hoffen, dass der Artikel demnächst wieder lieferbar ist. Um die Kunden besser zu informieren, werden zwei weitere Ereignisse eingeführt. Das Ereignis lieferantenmeldung deckt den Fall ab, dass der Lieferant dem *Shop*-Betreiber meldet, dass der Artikel nicht mehr beschafft werden kann. Aus Sicht des Benutzers handelt es sich um einfachen Aufruf einer Funktion im Menü, die hier nur zu einem Zustandswechsel führt und keine Aktivität auslöst. Wenn nach einer festgelegten Zeitspanne – hier 100 Tage – noch keine Lieferung oder Mitteilung vom Lieferanten eingegangen ist, dann tritt das zeitliche Ereignis after (100 Tage) ein und führt einen Zustandsübergang in vergriffen herbei.

Das Gegenstück zum Anfangspseudozustand ist der **Endzustand** *(final state)*, der als kleiner ausgefüllter Kreis mit einem umschließenden Ring (»Bullauge«) modelliert wird. In einem Endzustand endet die Verarbeitung, die durch das

Ereignisse – ein Muss für die Transition

Endzustand – wo die Verarbeitung endet

Zustandsdiagramm beschrieben wird. Aus dem Endzustand dürfen keine Transitionen hinausführen, d. h. er darf keine Ausgabepfeile besitzen. Nicht jedes Zustandsdiagramm muss einen Endzustand enthalten. Modelliert das Zustandsdiagramm beispielsweise einen Aufzug, der kontinuierlich zwischen den verschiedenen Etagen eines Gebäudes fährt, so besitzt das zugehörige Zustandsdiagramm keinen Endzustand. Ein Verarbeitungsende würde nur dann vorliegen, wenn der Aufzug irgendwann einmal ausgebaut wird, was aber nicht durch die Aufzugssoftware berücksichtigt ist. Das Zustandsdiagramm der Abb. 4.5-3 besitzt einen Endzustand. Wenn ein Lagerartikel längere Zeit im Zustand vergriffen vorliegt, kann der *Shop*-Betreiber das Ereignis sperren auslösen, das den Artikel in den Endzustand überführt. Gesperrte Artikel werden im Gegensatz zu den vergriffenen Artikeln nicht mehr im *Shop* angezeigt. Sie bleiben jedoch im System erhalten, weil sie in früher erteilten Aufträgen referenziert wurden.

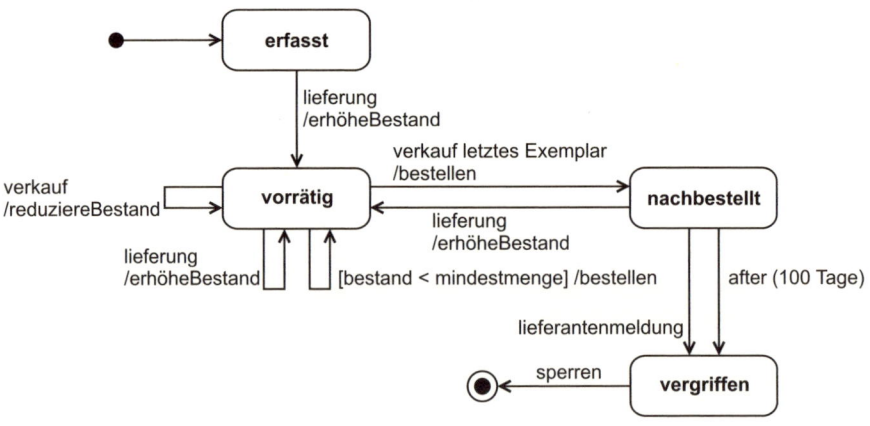

Abb. 4.5-3: Zustandsdiagramm für Lagerartikel mit einem Endzustand.

*Guards –
überwachen
Ereignisse*

Die UML ermöglicht es, Ereignisse durch *Guards* zu ergänzen. Ein **Guard** beschreibt eine Bedingung, die wahr oder falsch sein kann. Man kann hier auch von Bedingungen sprechen, doch kennzeichnet der Begriff *Guard* hier besser, was gemeint ist. Wenn das jeweilige Ereignis eintritt, dann findet nicht gleich ein Zustandsübergang statt, sondern es wird erst der *Guard* ausgewertet. Nur wenn die spezifizierte Bedingung erfüllt ist, dann findet die Transition statt. Andernfalls passiert nichts. In der Abb. 4.5-4 wird das Ereignis verkauf einmal mit dem *Guard* [ausreichend] ergänzt. Hier wird geprüft, ob für den betreffenden Artikel noch mindestens so viele Artikel auf Lager sind, wie vom Kunden bestellt wurden. Ist dies der Fall, dann bleibt der Lagerartikel im Zustand vorrätig. Im zweiten Fall wird das Ereignis verkauf mit dem *Guard* [letztes Exemplar] ergänzt. Trifft diese Bedingung zu, dann erfolgt ein Übergang in den Zustand nachbestellt.

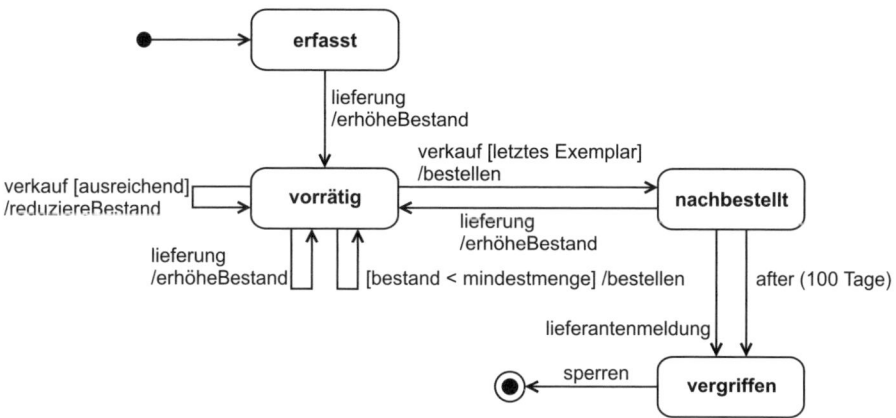

Abb. 4.5-4: Zustandsdiagramm für Lagerartikel mit *Guards*.

Das Zustandsdiagramm der Abb. 4.5-4 beschreibt den Lebenszyklus eines Lagerartikels von seiner Erfassung bis zum Sperren des Artikels, der dadurch für die *Shop*-Benutzer unsichtbar wird. In diesem Sinne wird das Zustandsdiagramm häufig in der UML eingesetzt. Man kann es aber auch verwenden, um das Verhalten von Use-Cases zu beschreiben. Es bildet hier eine Alternative zum Aktivitätsdiagramm. Die UML unterscheidet genau genommen zwei Arten von Zustandsdiagrammen: das Verhaltenszustandsdiagramm, das hier eingeführt wurde, und das Protokollzustandsdiagramm, auf das hier nicht weiter eingegangen wird.

Zustands-
diagramme im
Einsatz

Zustands-
diagramme
erstellen

Für die Modellierung von Zustandsdiagrammen ist folgende Checkliste nützlich:

▨ So finden Sie Zustände:

☐ Beginnen Sie beim Anfangspseudozustand: Durch welches Ereignis wird er verlassen? Welcher Folgezustand tritt auf?

☐ Fragen Sie für jeden Zustand: Durch welches Ereignis wird er verlassen? Welcher Folgezustand tritt auf?

☐ Endet die Verarbeitung oder wird die Verarbeitung kontinuierlich immer weiter ausgeführt, bis das Gerät irgendwann defekt ist?

▨ So finden Sie Aktivitäten:

☐ Welche einzelnen Verarbeitungsschritte sind nötig, damit das Zustandsdiagramm die gewünschte Verarbeitung modelliert?

☐ Welche Operationen, die für das Objekt definiert sind, finden bei der Ausführung des Zustandsdiagramms statt?

☐ Hier werden alle Aktivitäten – der Einfachheit halber – an die Transitionen angetragen.

▨ So finden Sie Ereignisse:

☐ Löst der Benutzer Ereignisse aus (Menüaufrufe)?

☐ Liegt ein zeitliches Ereignis vor (hier Zeitdauer verstrichen)?

☐ Werden intern Ereignisse generiert (Attributwerte ändern sich)?

▨ Sind alle Transitionen korrekt?

☐ Ist jeder Zustand erreichbar?

☐ Kann jeder Zustand mit Ausnahme des Endzustandes verlassen werden?

☐ Sind die Ereignisse, die an den ausgehenden Transitionen eines Zustands stehen, alle unterschiedlich oder besitzen sie unterschiedliche *Guards*?

Quiz of the 4th day
Lösung

Ich gehe, wenn es nicht regnet.

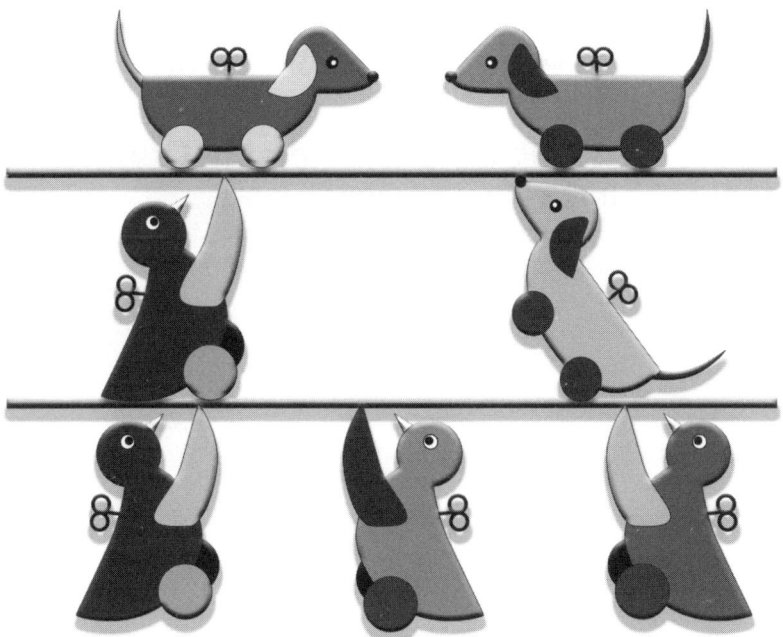

5

of the 5th day

Zwei sind ein Paar, drei sind eine Gruppe.
Wie viel sind vier und fünf?

5 Architekturen – der Blick hinter die Kulissen

Nach der Analyse wird das OOA-Modell zu einem OOD-Modell erweitert und anschließend mithilfe einer objektorientierten Programmiersprache realisiert. Diese Gruppierung beschäftigt sich mit den wichtigsten Konzepten des objektorientierten Entwurfs. Dazu gehören: Entwurfsmuster und *Frameworks*, um standardisierte Anwendungen zu erstellen, die objektrelationale Abbildung, um von objektorientierten Systemen auf relationale Datenbanken zuzugreifen und Schichten-Architekturen, um Änderbarkeit und Wartbarkeit zu verbessern:

5.1 Analyse und Entwurf – die fachliche und die technische Lösung

Analyse und Entwurf sollen bei der objektorientierten Entwicklung präzise getrennt werden. Das ist besonders wichtig, wenn diese Aufgaben in einem Unternehmen von unterschiedlichen Teams durchgeführt werden oder wenn ein Unternehmen nur das OOA-Modell erstellt und die Realisierung (Entwurf und Programmierung) an eine externe Firma vergibt.

Das Ziel der **Analyse** ist es, die Wünsche und Anforderungen eines Auftraggebers an ein neues Softwaresystem zu ermitteln und zu beschreiben. Es muss ein Modell des Fachkonzepts erstellt werden, das konsistent, vollständig, eindeutig und realisierbar ist. Es ist wichtig, dass bei der Modellbildung in der (System-)Analyse alle Aspekte der Implementierung bewusst ausgeklammert werden, denn Implementierungstechniken ändern sich schnell. Man abstrahiert

Ziel der Analyse

von allen technischen Randbedingungen, wie beispielsweise Zugriffszeiten und Speichergröße. Auch die Verteilung der Software auf mehrere Computersysteme spielt vorerst keine Rolle. Es ist auch nicht von Bedeutung, in welcher Form die Daten gespeichert werden. Zusammenfassend kann man sagen: Es ist die Aufgabe des Systemanalytikers, eine **fachliche Lösung** zu modellieren, die durch keinerlei Implementierungstechnik eingeschränkt ist.

Fachliche Lösung – Modell der »idealen Welt«

Die Systemanalyse gehört zu den anspruchsvollsten Tätigkeiten der Softwareentwicklung, da die Anforderungen des Auftraggebers in der Regel unklar, widersprüchlich sowie fallorientiert sind und sich auf unterschiedlichen Abstraktionsebenen befinden. Das liegt daran, dass der Auftraggeber kein vollständiges Modell des zukünftigen Systems im Kopf hat. Es ist die schwierige Aufgabe des Systemanalytikers, daraus ein konsistentes, vollständiges und eindeutiges Modell zu erstellen, das anschließend realisiert werden kann. Der Systemanalytiker muss sich ganz darauf konzentrieren, *was* das Softwaresystem später leisten soll, um die Aufgaben des späteren Benutzers optimal zu unterstützen.

Analyse – herausfinden, was der Auftraggeber »meint«

Die Zielsetzung der Analyse ist zunächst unabhängig davon, ob die Analyse umgangssprachlich in Textform, mit strukturierten Analysetechniken oder objektorientiert durchgeführt wird.

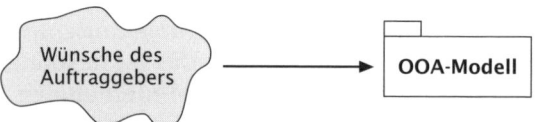

Abb. 5.1-1: Vom Problem zur fachlichen Lösung.

OOA-Modell – fachliche Lösung in OO-Notation

Das Ziel der **objektorientierten Analyse** ist es, das zu realisierende Problem zu verstehen und in einem OOA-Modell zu beschreiben (Abb. 5.1-1). Dieses Modell soll die essentielle Struktur und Semantik des Problems, aber noch keine technische Lösung beschreiben. Es darf keinerlei Optimierungen für das verwendete Computersystem oder die benutzte Basissoftware enthalten. **OOA-Modelle** sind hochgradig abstrakte, fachliche Lösungen. Sie ermöglichen dem Systemanalytiker, sich ein genaues Bild über das zu entwickelnde System zu machen, bevor die erste Programmzeile geschrieben wird.

Die Aufgabe des **Entwurfs** ist es, die fachliche Lösung auf einer Plattform unter den geforderten technischen Randbedingungen zu realisieren, d. h. eine **technische Lösung** zu erstellen. In der Entwurfsphase wird das OOA-Modell unter den Gesichtspunkten von Effizienz und Standardisierung zum OOD-Modell weiterentwickelt. Dieses OOD-Modell dokumentiert die **Architektur** des zu realisierenden Systems. Der **objektorientierte Entwurf** (OOD, *object oriented design*) wird dadurch erheblich vereinfacht, dass von der Analyse zum Entwurf *kein* Paradigmenwechsel stattfindet.

OOD-Modell – technische Lösung in OO-Notation

Das OOD-Modell wird anschließend mithilfe einer objektorientierten Programmiersprache realisiert. Entwurfs- und Implementierungsphase sind sehr stark miteinander verzahnt. Das bedeutet, dass jede entworfene Klasse direkt implementiert werden kann (Abb. 5.1-2). Das **OOD-Modell** beschreibt die objektorientierten Programme auf einem höheren Abstraktionsniveau.

OOP – objektorientiert programmieren

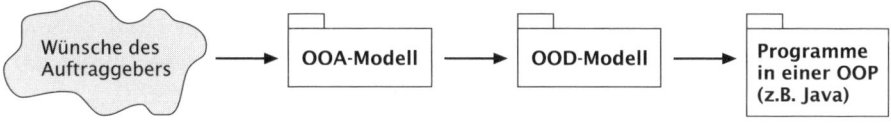

Abb. 5.1-2: Objektorientierte Software-Entwicklung.

5.2 Entwurfsmuster – das Rad nicht immer neu erfinden

Entwurfsmuster sollten heute zum Basiswissen eines jeden objektorientierten Programmierers gehören. Sie ermöglichen elegante und standardisierte Lösungen immer wiederkehrender Entwurfsprobleme.

Im Gegensatz zur Analyse zeichnet sich bei Entwurf und Implementierung in der objektorientierten Software-Entwicklung eine immer stärkere Standardisierung ab. Ein ganz wichtiger Aspekt beim Entwicklungsprozess sind die Entwurfsmuster. Es gibt heute ganze Kataloge über Entwurfsmuster. Ich möchte an einem der bekanntesten Entwurfsmuster – dem Beobachter-Muster – erläutern, was ein solches Muster ist und wie es verwendet wird.

Beobachter-Muster – wenn Aktualität wichtig ist

Bei vielen Anwendungen werden Daten mehrfach angezeigt. Beispielsweise können im Windows-Explorer die Ordner sowohl links in einer Baumstruktur als auch rechts als Liste dargestellt werden. Sicher haben sie schon festgestellt, dass das Einfügen eines neuen Ordners im rechten Teil automatisch in der Baumstruktur nachgezogen wird. Um derartige Effekte einfach und schnell zu realisieren, verwendet man beim objektorientierten Entwurf das **Beobachter-Muster** (*observer pattern*). Es sorgt dafür, dass bei der Änderung eines Objekts alle davon abhängigen Objekte benachrichtigt und automatisch aktualisiert werden. Ohne automatische Aktualisierung müsste der Benutzer einen Aktualisiere-Befehl eingeben.

Wie funktioniert das Beobachter-Muster?

Die Informationen eines Objekts der Klasse Ordner (fachliche Daten) werden durch verschiedene Präsentationen (beim Windows-Explorer Baumstruktur und Liste) angezeigt. Allgemein gilt: Zu jedem fachlichen Datenobjekt kann es mehrere Präsentationsobjekte geben. Das fachliche Objekt darf jedoch nicht direkt darauf zugreifen. Umgekehrt kann jede Präsentation die Daten des fachlichen Objekts lesen oder verändern (Abb. 5.2-1). Werden beispielsweise Änderungen im Objekt präsentation 1 durchgeführt, dann findet durch das Beobachter-Muster folgende Verarbeitung statt:

- ▓ präsentation 1: aktualisiert die fachlichen Daten.
- ▓ fachliche Daten: informiert alle betroffenen Präsentationen (hier 2 und 3), dass eine Änderung vorliegt, mit anderen Worten: Es sendet die Nachricht »Hallo, meine Daten haben sich geändert«.
- ▓ präsentation 2: holt sich die Änderungen vom fachlichen Objekt ab.
- ▓ präsentation 3: holt sich die Änderungen vom fachlichen Objekt ab.

Alternative 1

Warum wird das so »umständlich« gemacht? Warum braucht man überhaupt ein Objekt »fachliche Daten«? Warum aktualisiert nicht die Präsentation 1 von sich aus die anderen beiden Präsentationen? Dann muss jede Präsentation auf alle

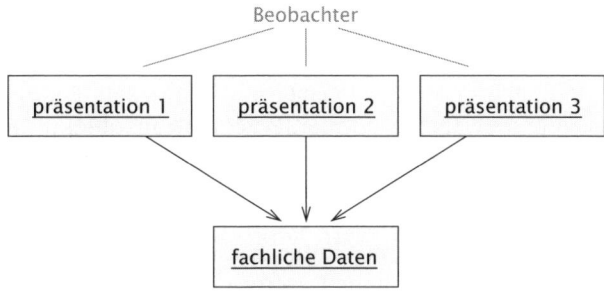

Abb. 5.2-1: Zum Beobachter-Muster.

anderen zugreifen, um sie zu aktualisieren. Da es keinen »*Master*« gibt, entsteht ein komplexes Geflecht von Objekten (Abb. 5.2-2). Diese fehleranfällige Lösung sollte daher auf *keinen* Fall gewählt werden.

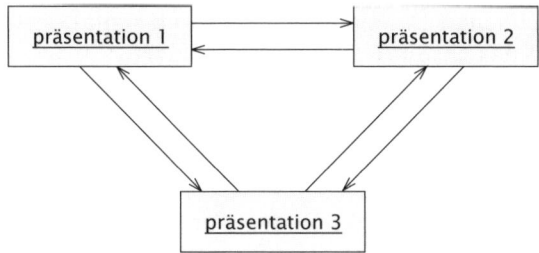

Abb. 5.2-2: Jeder greift auf jeden zu – ein komplexes Geflecht.

Das fachliche Objekt ist also nötig. Aber wäre es nicht einfacher, wenn dieses fachliche Objekt die Präsentationen 2 und 3 direkt aktualisiert, sobald es selbst neue Informationen erhält? Dann besitzt das fachliche Objekt Wissen über die Präsentationsobjekte. Werden die Präsentationen ausgetauscht, geändert oder deren Anzahl erweitert, ist auch immer ein Eingriff in das fachliche Objekt nötig. Dieser Nachteil besteht beim Beobachter-Muster nicht.

Alternative 2

Die Klassen der Benutzungsoberfläche werden in den meisten Anwendungen mit hoher Wahrscheinlichkeit häufiger geändert als die fachlichen Klassen. Damit die fachlichen Klassen von diesen Änderungen nicht betroffen sind, sollten sie

Grundprinzip der Softwaretechnik

nicht direkt auf die Klassen der Benutzungsoberfläche zugreifen.

Beim Beobachter-Muster wissen die diversen Beobachter nichts voneinander. So können Präsentationsobjekte hinzugefügt, gelöscht oder geändert werden, ohne dass die vorhandenen Beobachter auch nur im Mindesten betroffen sind. Das Objekt, das die fachlichen Daten verwaltet, kennt alle seine Beobachter dem Namen nach und weiß, dass jeder die Nachricht »Hallo, meine Daten haben sich geändert« versteht. Mehr weiß es nicht! Die Beobachter können nun die Initiative ergreifen und sich synchronisieren, in dem sie aktiv auf das fachliche Objekt zugreifen. Wenn neue Präsentationsobjekte hinzugefügt, vorhandene Präsentationsobjekte entfernt oder geändert werden, so hat dies keinerlei Auswirkungen auf den Rest der Anwendung, solange die Nachricht »Hallo, meine Daten haben sich geändert« von allen betroffenen Beobachtern verstanden wird. Die Kommunikation vom fachlichen Datenobjekt zu den Präsentationsobjekten wird auf das absolute Minimum reduziert.

GoF – Gang of Four

Die Verwendung von Entwurfsmustern ist heute Stand der Technik beim objektorientierten Entwurf. Ein Entwurfsmuster-Katalog gehört auf den Arbeitsplatz eines jeden qualifizierten objektorientierten Softwareentwicklers. Das Standardwerk über Entwurfsmuster wurde von E. Gamma und drei weiteren Autoren [GHJ+96] verfasst. In der Literatur werden die Autoren dieses Werks auch als GoF (*Gang of Four*) bezeichnet.

Pattern-Katalog – Probleme und deren Lösungen

Wie werden diese Entwurfsmuster dem Software-Entwickler zur Verfügung gestellt? Der Entwurfsmuster-Katalog von GoF enthält mehr als 20 Muster, die alle nach einem einheitlichen Schema beschrieben sind. Nach der Definition des Musters wird erläutert, in welchen Situationen es angewendet werden kann und welche Vorteile sein Einsatz bringt. In einem Klassendiagramm wird die allgemeine Struktur von Klassen, Assoziationen und Generalisierungsstrukturen beschrieben. Es enthält die notwendigen Attribute und Operationen und teilweise auch deren Implementierung.

observer pattern im Katalog

Abb. 5.2-3 zeigt das Klassendiagramm für das Beobachter-Muster. Um das dynamische Verhalten zu beschreiben, wird es durch ein Sequenzdiagramm ergänzt. Abb. 5.2-4 be-

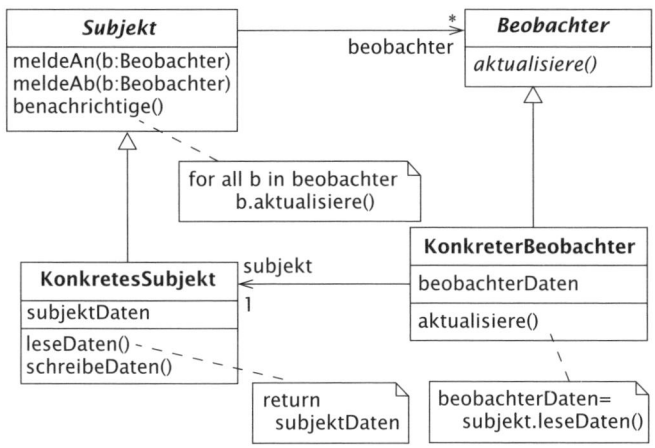

Abb. 5.2-3: Beobachter-Muster.

schreibt die Kommunikation zwischen den Objekten. Das Objekt der Klasse KonkretesSubjekt weiß nur, dass es Objekte der Klasse KonkreterBeobachter gibt. Es kennt nur deren Namen und weiß, dass jedes Objekt die Nachricht aktualisiere() interpretieren kann. Sonst hat es keinerlei Wissen über die Beobachter-Objekte, kann auch nicht direkt darauf zugreifen. Der Einfachheit halber werden alle Beobachter über Änderungen informiert, auch derjenige, von dem die Änderung ausging.

Ein **Entwurfsmuster** (*design pattern*) gibt eine bewährte, generische Lösung für ein immer wiederkehrendes Entwurfsproblem an, das in bestimmten Situationen auftritt. Wie oben erwähnt, ist die Standardisierung beim objektorientierten Entwurf und in der Programmierung sehr hoch. Außer den Entwurfsmustern, die dem Softwareentwickler keinen Programmcode, sondern eher das »gewusst wie« bzw. eine »zündende« Idee für die Lösung von Entwurfsproblemen liefern, sind heute die *Frameworks* von großer Bedeutung, da mit ihrer Hilfe eine hohe Wiederverwendbarkeit erreicht werden kann.

Entwurfs-muster – »zündende« Idee für Entwurfs-probleme

Ein **Framework** besteht aus einer Menge von zusammenarbeitenden Klassen, die einen wiederverwendbaren Entwurf für einen bestimmten Anwendungsbereich implementieren. Es besteht aus konkreten und – insbesondere – aus ab-

Framework – vorgefertigter Programmcode

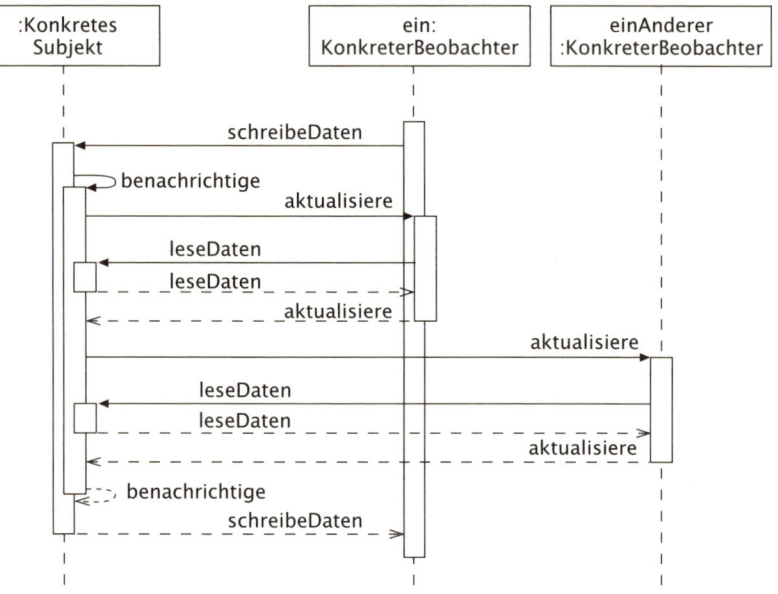

Abb. 5.2-4: Interaktionen des Beobachter-Musters.

strakten Klassen. Im Allgemeinen wird vom Anwender des *Frameworks* erwartet, dass er Unterklassen definiert, um das *Framework* zu verwenden und anzupassen. Während Entwurfsmuster einen mehr oder weniger allgemeinen Lösungsansatz aufzeigen, sind *Frameworks* immer spezifisch auf einen Anwendungsbereich ausgelegt, z. B. Erstellung von Finanzsoftware. *Frameworks* werden mithilfe von Programmiersprachen realisiert. Sie können also ausgeführt und direkt wiederverwendet werden. Sie müssen aber nicht in derselben Sprache geschrieben sein, die der Anwendungsprogrammierer benutzt. Ein *Framework* bestimmt die Architektur der Anwendung. Es definiert die Struktur der Klassen und Objekte und deren Verantwortlichkeiten, legt fest, wie Klassen und Objekte zusammenarbeiten und wie der Kontrollfluss aussieht. Das *Framework* legt alle diese Entwurfsparameter fest, damit sich der Anwendungsprogrammierer auf die Details der Anwendung konzentrieren kann.

+ Durch die Verwendung von *Frameworks* wird die Softwareentwicklung schneller und kostengünstiger, weil vorhandene Ideen und Komponenten übernommen werden.
+ Die Qualität wird verbessert und die Wartungskosten werden reduziert, weil alle Anwendungen ähnliche Strukturen besitzen und bestimmte Entwurfsprobleme einheitlich gelöst werden. Die erstellte Software wird dadurch weniger personenabhängig.
- Nachteilig ist natürlich der relativ hohe Einarbeitungsaufwand.
- Außerdem besteht eine Abhängigkeit vom *Framework*-Hersteller.

Vorteile von Frameworks

Nachteile von Frameworks

5.3 Objektrelationale Abbildung – Verbinden zweier Welten

Die objektrelationale Abbildung bildet eine Brücke von der objektorientierten Softwareentwicklung zu den relationalen Datenbanken. Klassen, Assoziationen und Generalisierungsstrukturen werden nach einem festen Schema in Tabellen transformiert.

Objektorientierung gilt heute als Stand der Technik bei der Softwareentwicklung. Andererseits speichern die meisten Firmen ihre Anwendungsdaten in relationalen Datenbanken. Es ist also eine Brücke von der objektorientierten zur relationalen Welt notwendig. Sie wird als objektrelationale Abbildung (*object relational mapping*) bezeichnet.

Für das Verstehen dieses Kapitels sind elementare Kenntnisse in relationalen Datenbanksystemen nützlich. Hier werden die wichtigsten Begriffe in Kurzform vorgestellt.

In relationalen Datenbanken werden Daten in Form von **Tabellen** gespeichert. Jede Tabelle besteht aus mehreren Zeilen, die auch als Tupel bezeichnet werden. Alle **Tupel** einer Tabelle enthalten die gleichen Attribute, jedoch im Allgemeinen unterschiedliche Attributwerte. Jedes Tupel muss durch einen eindeutigen Schlüssel identifizierbar sein. Oft verwendet man hierfür ein spezielles Attribut, z. B. kundennummer, das als Schlüsselattribut oder Primärschlüssel bezeichnet wird. Um Tabellen miteinander zu verknüpfen, verwendet man

Wichtige Begriffe

Fremdschlüssel. Für jedes Attribut einer Tabelle muss analog zu dem Attribut einer Klasse der Typ definiert werden.

OID-Attribut – Schlüsselattribut ohne fachliche Bedeutung

Jede Tabelle wird – unabhängig davon, ob ein fachliches Schlüsselattribut vorhanden ist oder nicht – um ein **OID-Attribut** erweitert, das die Rolle des Schlüsselattributs spielt. Die Abkürzung OID bedeutet **Objektidentität** *(object identity)*. Ein OID-Attribut darf *keinesfalls* eine fachliche Bedeutung besitzen, denn erfahrungsgemäß ändert sich diese Semantik. Würde beispielsweise als OID-Attribut die Kundennummer gewählt und ist eine Erweiterung des Nummernkreises notwendig, dann müssen alle Datensätze, in denen diese Kundennummer als Primär- und Fremdschlüssel vorkommt, aktualisiert werden.

Von OOA- zu SQL-Typen

Sollen objektorientierte Systeme mit relationalen Datenbanken arbeiten, dann ist die Abbildung der OOA-Datentypen auf SQL-Datentypen notwendig. Für die Modellierung des Klassendiagramms wurden UML-Typen und selbstdefinierte Datentypen verwendet. Erfolgt die Datenspeicherung beispielsweise mit einer Access-Datenbank, dann ist eine Abbildung wie in der Tab. 5.3-1 dargestellt, durchzuführen.

Analyse-Datentyp	Access-Datentyp
Integer	Zahl (long integer)
String	Text (max. 50 Zeichen)
Boolean	Ja/Nein
Date	Datum/Uhrzeit
Currency	Währung

Tab. 5.3-1: Datentypen des OOA-Modells und der Access-Datenbank.

Abbilden einer Klasse

Primitive Datentypen

Im einfachsten Fall wird eine Klasse auf eine Tabelle abgebildet, wobei ein OID-Attribut hinzugefügt wird. Abb. 5.3-1 zeigt die Abbildung der Klasse Kunde, die nur primitive Datentypen enthält, auf eine Tabelle.

Strukturen – integrieren oder extra Tabelle

Liegt ein Attribut von einem **strukturierten Datentyp** vor, dann gibt es für die Abbildung auf Tabellen zwei Möglichkeiten. Wie Abb. 5.3-2 zeigt, kann das strukturierte Attri-

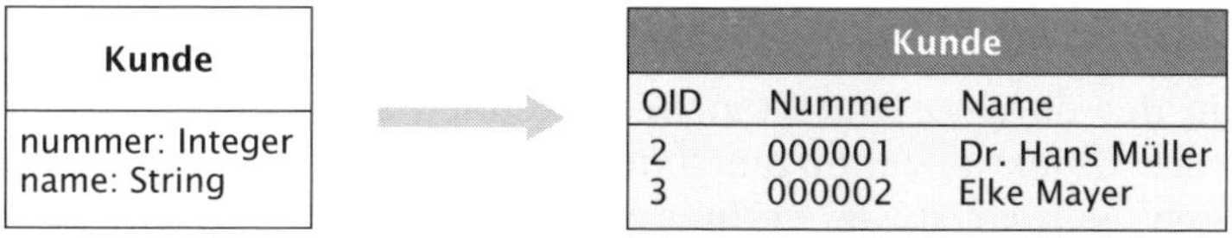

Kunde			
OID	Nummer	Name	
2	000001	Dr. Hans Müller	
3	000002	Elke Mayer	

Kunde

nummer: Integer
name: String

Abb. 5.3-1: Abbildung einer einfachen Klasse auf eine Tabelle.

but adresse entweder in die elementaren Komponenten zerlegt und in die Tabelle Kunde integriert oder auf eine eigene Tabelle abgebildet werden. Beim Integrieren in die Tabelle Kunde geht die ursprüngliche Struktur verloren. Bei der Alternative besteht der Nachteil darin, dass beim Zugriff auf ein Kundenobjekt immer eine zusätzliche Tabellenverknüpfung (*join*) von der Tabelle Kunde zur Tabelle Adresse durchzuführen ist. Neuere SQL-Standards ermöglichen auch die direkte Abbildung von strukturierten Datentypen. Sie wird allerdings nicht von allen Datenbanksystemen unterstützt.

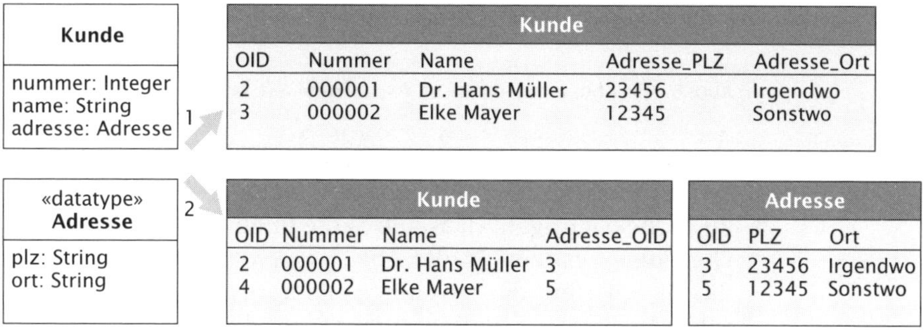

Kunde

nummer: Integer
name: String
adresse: Adresse

Kunde					
OID	Nummer	Name		Adresse_PLZ	Adresse_Ort
2	000001	Dr. Hans Müller		23456	Irgendwo
3	000002	Elke Mayer		12345	Sonstwo

«datatype»
Adresse

plz: String
ort: String

Kunde				
OID	Nummer	Name		Adresse_OID
2	000001	Dr. Hans Müller		3
4	000002	Elke Mayer		5

Adresse		
OID	PLZ	Ort
3	23456	Irgendwo
5	12345	Sonstwo

Abb. 5.3-2: Abbildung eines strukturierten Attributs auf eine oder zwei Tabellen.

Klassenattribute sind nur einmal für alle Objekte einer Klasse zu speichern. Daher ist es *nicht* sinnvoll, sie in »normale« Datensätze einer Tabelle zu integrieren, sondern sie werden in eine separate Tabelle eingetragen.

Klassenattribut – eines für alle Objekte

Abbilden einer Assoziation

Schlüssel-Fremd-schlüssel-Beziehung

In der objektorientierten Welt »kennen sich« Objekte über ihre Objektbeziehungen *(links)*. Bei relationalen Datenbanken werden diese Verbindungen durch Schlüssel-Fremdschlüssel-Beziehungen realisiert. Das bedeutet, dass die Tabellen um entsprechende Fremdschlüssel erweitert werden müssen.

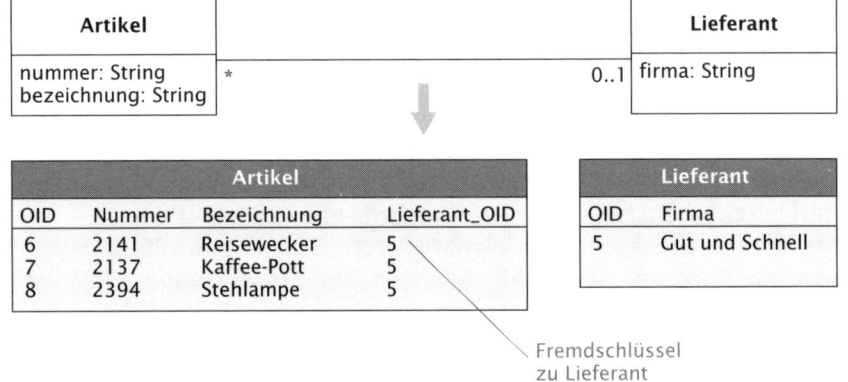

Abb. 5.3-3: Abbildung einer 1:m-Assoziation auf Tabellen.

1:m-Assoziation

Betrachten Sie zunächst, wie die **1:m-Assoziation** zwischen Artikel und Lieferant auf Tabellen abgebildet wird. Dabei ist zu berücksichtigen, dass alle Sätze in einer Tabelle die gleiche Länge besitzen. In der Abb. 5.3-3 wird zu jedem Artikel das OID-Attribut des jeweiligen Lieferanten als Fremdschlüssel gespeichert. Könnten auch in der Tabelle Lieferant die OID-Attribute aller gelieferten Artikel gespeichert werden? Die Antwort heißt nein, denn zu jedem Lieferanten gibt eine unbekannte Menge von Artikeln. Das hätte zur Folge, dass die Länge eines Datensatzes in der Tabelle nicht konstant ist. Neuere SQL-Standards bieten den *Collection*-Typ an, der eine Menge von Werten aufnehmen kann. Auch dieser Datentyp wird nicht von allen Datenbanksystemen unterstützt.

m:m-Assoziation

Abb. 5.3-4 modelliert eine **m:m-Assoziation** zwischen den Klassen Kunde und Artikel. In diesem Fall ist für die Abbildung der Assoziation eine zusätzliche Tabelle Kunde_Artikel notwendig, deren einziger Zweck es ist, die Beziehung zwischen den Tabellen zu spezifizieren. Sie wird als **Assozia-**

tionstabelle (*associative table*) bezeichnet und enthält die beiden Fremdschlüssel Kunde_OID und Artikel_OID. Der Primärschlüssel setzt sich aus diesen beiden Attributen zusammen.

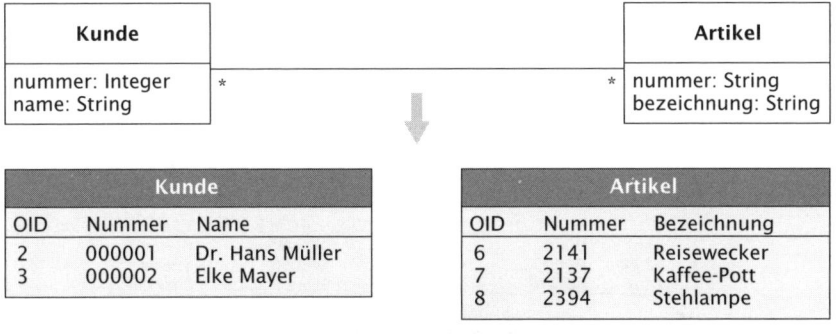

Abb. 5.3-4: Abbildung einer m:m-Assoziation auf Tabellen.

Abbildung der Generalisierung

Es gibt drei Möglichkeiten, um eine Generalisierungsstruktur auf Tabellen abzubilden (Abb. 5.3-5).

Bei der ersten Variante werden alle Objekte aus allen Klassen der Generalisierungshierarchie in einer einzigen Tabelle gespeichert. Das zusätzliche Attribut Geschäftspartner_Typ ist notwendig, um für jeden Tabelleneintrag angeben zu können, ob es sich um einen Kunden oder einen Lieferanten handelt. Der Vorteil dieses Ansatzes liegt in seiner Einfachheit. Ein Nachteil ist, dass die entstehende Tabelle »durchlöchert« ist. Beispielsweise können die mit einem Balken markierten Felder in der Abb. 5.3-5 niemals einen Wert annehmen. Dieser Nachteil ist jedoch bei Generalisierungsstrukturen von geringem Umfang vernachlässigbar.

Eine Tabelle für alle Klassen

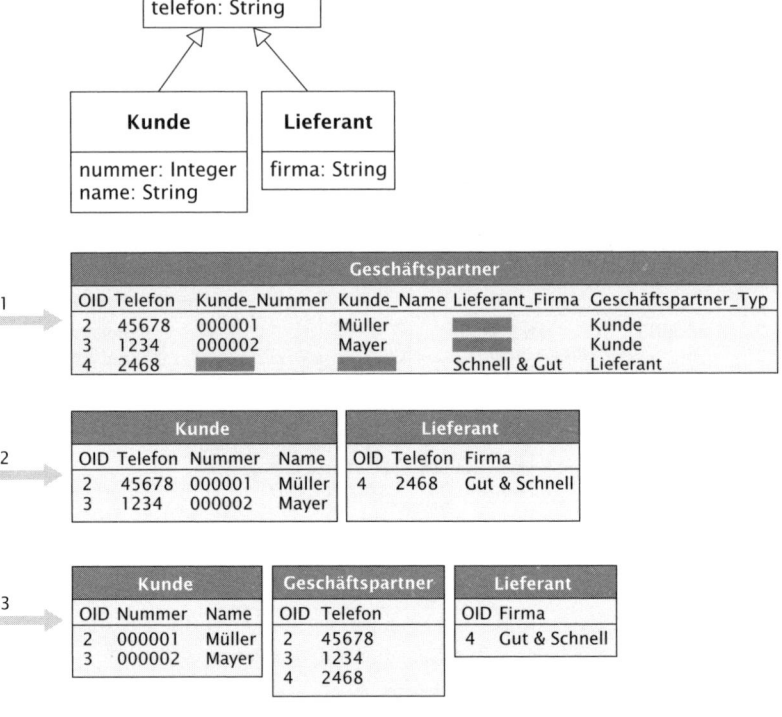

Abb. 5.3-5: Abbildung von Generalisierungsstrukturen.

Eine Tabelle für jede konkrete Klasse

Bei der zweiten Variante wird jede konkrete Klasse auf eine Tabelle abgebildet. Sie enthält außer ihren eigenen Attributen auch alle Attribute ihrer Oberklassen. Jede Tabelle erhält als Primärschlüssel das OID-Attribut. Nachteilig ist, dass die Attribute der abstrakten Oberklasse in mehreren Tabellen vorhanden sind. Wenn diese Attribute modifiziert werden, dann sind alle betroffenen Tabellen zu aktualisieren.

Eine Tabelle für jede Klasse

Bei der dritten Variante wird jede Klasse – auch eine abstrakte – auf eine Tabelle abgebildet. Die Daten eines Kunden-Objekts sind dann beispielsweise auf die Tabelle Kunde und Geschäftspartner aufgeteilt. Der Zusammenhang wird durch das gemeinsame OID-Attribut hergestellt. Es fungiert in der Tabelle Geschäftspartner als Primärschlüssel, während es in der Tabelle Kunde sowohl Primär- als auch Fremdschlüssel ist. Der Hauptvorteil dieses Ansatzes ist, dass er am besten dem objektorientierten Konzept entspricht. Änderungen in der Oberklasse sind mit minimalem Aufwand durchführbar und neue Attribute können in allen Klassen einfach ergänzt werden. Dem stehen jedoch auch Nachteile gegenüber: Es entstehen viele Tabellen in der Datenbank und die Zugriffe auf Objekte dauern länger, weil mehrere Tabellen betroffen sind.

5.4 Schichten-Architekturen – Monolithen sind *out*

Moderne Entwurfsarchitekturen zeichnen sich durch mehrere Schichten aus. Als Standard kann die Drei-Schichten-Architektur angesehen werden.

Viele der heute »veralteten« Systeme sind bezüglich ihrer anwendungsspezifischen Funktionalität noch ganz »modern«, während ihre Benutzungsoberfläche oder ihre Datenhaltung technisch veraltet sind. Um die Benutzungsschnittstelle zu aktualisieren, muss oft das ganze System neu geschrieben werden. Ähnlich sieht es aus, wenn eine andere Datenbank verwendet werden soll. Daher gilt heute als Stand der Softwaretechnik, dass Fachkonzept, Benutzungsoberfläche und Datenhaltung weitgehend entkoppelt werden. Änderungen oder gar ein Austausch der Benutzungsoberfläche sollen möglichst wenig Auswirkung auf das restliche System haben. Analog soll sich eine Anwendung einfach an eine neue Datenbank anpassen lassen.

Motivation

Viele Informationssysteme besitzen eine **Zwei-Schichten-Architektur** (*two-tier architecture*). Sie besteht aus einer Anwendungsschicht, in der die Benutzungsoberfläche und das Fachkonzept in einer einzigen Schicht fest verzahnt sind, und einer Datenhaltungsschicht (Abb. 5.4-1).

Zwei-Schichten-Architektur – Datenbank und »der Rest«

Aus dem Entwurfsziel lässt sich direkt die Verwendung einer **Drei-Schichten-Architektur** (*three-tier architecture*) ableiten. Sie besteht aus (Abb. 5.4-2)

Drei-Schichten-Architektur – GUI, Fachkonzept und DB

- der GUI-Schicht (*graphical user interface*),
- der Fachkonzeptschicht und
- der Datenhaltungsschicht.

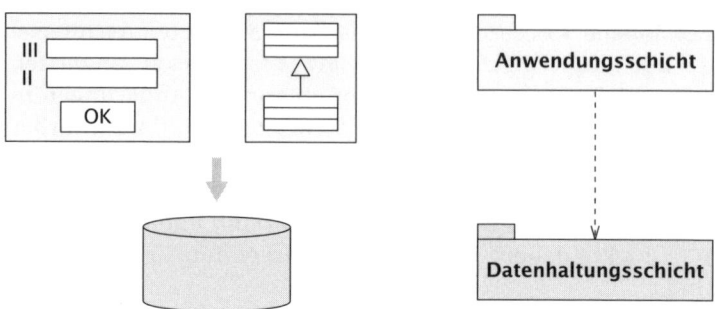

Abb. 5.4-1: Zwei-Schichten-Architektur.

Die **GUI-Schicht** realisiert die Benutzungsoberfläche einer Anwendung. Dazu gehören die Dialogführung und die Präsentation aller Daten in Fenstern, Berichten usw. Die **Fachkonzeptschicht** modelliert den funktionalen Kern der Anwendung. Außerdem enthält sie die Zugriffe auf die **Datenhaltungsschicht**, in der die jeweilige Form der Datenspeicherung realisiert wird, z. B. mit einem relationalen Datenbanksystem.

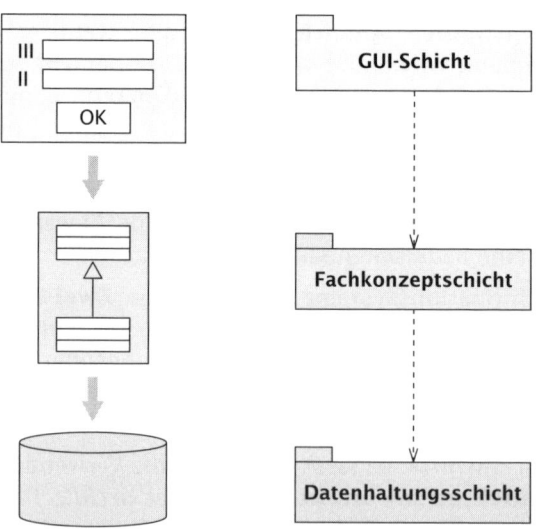

Abb. 5.4-2: Drei-Schichten-Architektur.

Eine grundlegende Idee der Schichten-Architektur ist, dass keine andere Schicht direkt auf die Benutzungsoberfläche – d. h. die GUI-Schicht – zugreifen kann. Das bedeutet, dass keine andere Schicht Wissen über die Benutzungsoberfläche besitzt. Diese konsequente Trennung sorgt dafür, dass die Benutzungsoberfläche später leicht ausgetauscht werden kann. Weder die Fachkonzeptschicht noch die Datenhaltung dürfen also aktiv auf die GUI-Schicht zugreifen. Wenn die GUI-Schicht trotzdem die aktuellen Daten präsentieren soll, muss sie über alle Veränderungen informiert werden und sich dann selbst die aktuellen Daten von den anderen Schichten »holen«. Man spricht von **indirekter Kommunikation**. Die indirekte Kommunikation wird mithilfe des Beobachter-Musters (siehe »Entwurfsmuster – das Rad nicht immer neu erfinden«, S. 111) realisiert.

Indirekte Kommunikation – kein direkter Zugriff auf GUI

Die **GUI-Schicht** erfüllt in einer Drei-Schichten-Architektur zwei unterschiedliche Aufgaben. Das ist einerseits die Präsentation der Information und andererseits die Kommunikation mit der Fachkonzeptschicht. Entsprechend diesen Aufgaben kann eine separate Zugriffsschicht zur Fachkonzeptschicht gebildet werden. Man spricht dann von einer **Mehr-Schichten-Architektur** (*multi-tier architecture*) (Abb. 5.4-3). Die GUI-Schicht befasst sich dann nur noch mit der Präsentation der Informationen. Normalerweise löst sie ihre Aufgaben mithilfe eines GUI-*Frameworks*. Die **Fachkonzept-Zugriffsschicht** ist verantwortlich für alle Zugriffe auf die Fachkonzeptschicht. Die GUI-Schicht arbeitet normalerweise mit einer kleinen Menge von relativ einfachen Typen, während die Fachkonzeptschicht Typen beliebiger Komplexität besitzen kann. Die Zugriffsschicht passt die Daten der Fachkonzeptschicht für die Präsentation durch die GUI-Schicht an. Auf diese Weise verbirgt sie die Komplexität der Fachkonzeptschicht vor der GUI-Schicht.

Mehrschichten-Architekturen

Für die Realisierung der Datenhaltung verwenden viele Unternehmen heute relationale Datenbanken. Manchmal reichen flache Dateien (*flat files*) für die Datenhaltung aus. Prinzipiell muss eine objektorientierte Anwendung mit jeder Form der Datenhaltung zurechtkommen.

Datenhaltung

Auch eine direkte Verbindung zwischen der Fachkonzeptschicht und der Datenhaltung kann zu Problemen führen.

Datenhaltungs-Zugriffsschicht

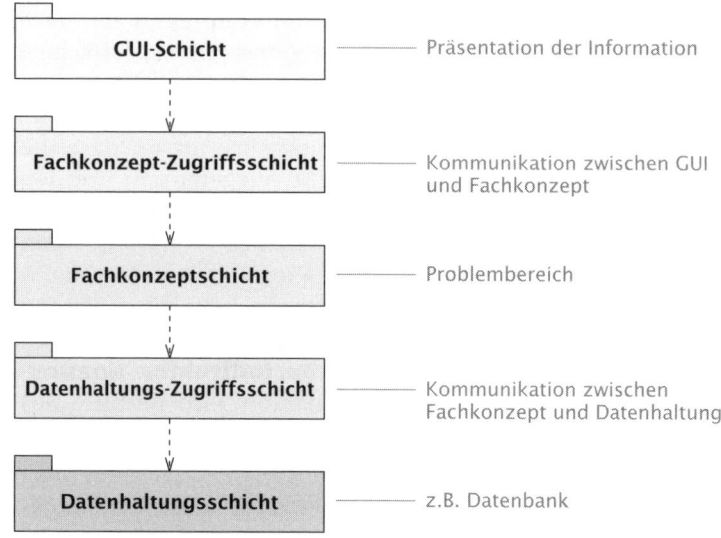

Abb. 5.4-3: Mehr-Schichten-Architektur.

Die Fachkonzeptschicht muss dann neben ihrer eigentlichen Aufgabe – der Modellierung der fachlichen Funktionalität – die Zugriffe auf die Datenhaltung durchführen. Die Lösung liegt in einer separaten **Datenhaltungs-Zugriffsschicht**. Sie füllt die Fachkonzeptobjekte mit Daten aus der Datenbank und aktualisiert die Datenbank bei Änderungen der Fachkonzeptobjekte. Diese Schicht ist der Fachkonzept-Zugriffsschicht ähnlich. Auch hier müssen die Typen der Fachkonzeptschicht gegebenenfalls für die jeweilige Datenhaltung konvertiert werden.

5.5 Von UML zu Java – der problemlose Übergang

Viele objektorientierte Konzepte können direkt in Java transformiert werden. Dazu gehören: Objekt, Klasse, abstrakte Klasse, Attribut, Klassenattribut, Operation und Generalisierung. Andere Konzepte wie das abgeleitete Attribut und die Assoziation müssen in Java mit den vorhandenen Sprachelementen nachgebaut werden.

Ein großer Vorteil der objektorientierten Entwicklung ist die perfekte Durchgängigkeit von der Analyse bis zur Implementierung. Von UML zu Java ergibt sich hier ein idealer Übergang. Für viele objektorientierte Konzepte, die Sie kennen gelernt haben, gibt es »Gegenstücke« in Java. Dazu gehören die Klasse mit Attributen und Operationen, die Objekte, das Paket und die Generalisierung. Andere Konzepte der Objektorientierung, wie die Assoziation oder das Szenario müssen mithilfe der vorhandenen Programmierkonzepte »nachgebaut« werden. Die Durchgängigkeit von UML zu Java ist so gut, dass Werkzeuge heute im Allgemeinen diesen Transformationsschritt automatisieren.

UML und Java verwenden teilweise eine unterschiedliche Terminologie (Tab. 5.5-1).

Terminologie

UML	Java
Klasse (*class*)	Klasse (*class*)
Attribute (*attribute*)	Element (*field*)
Klassenattribut (*class scope attribute*)	*static*-Element
Operation (*operation*)	Methode (*method*)
Generalisierung (*generalization*)	Vererbung (*inheritance*)
Paket (*package*)	Paket (*package*)

Tab. 5.5-1: Terminologie von UML und Java.

Aus jeder UML-Klasse wird eine Java-Klasse. Für jedes Attribut und jede Operation wird in Java wie im OOD-Modell die Sichtbarkeit angegeben, die analog zur UML definiert ist. Für die Abbildung von UML-Modellen in Java müssen Sie die Java-Sprachkonventionen einhalten. Java bietet die primitiven Datentypen boolean, char, byte, short, int, long, float und double an. String ist in Java kein primitiver Datentyp, sondern wird als Klasse zur Verfügung gestellt. Andere Datentypen aus dem OOA-Modell (z. B. Currency) müssen in Java durch Klassen realisiert werden. Abb. 5.5-1 zeigt die Klasse Artikel, die auf Java-Programmcode abgebildet wird.

Klasse, Attribut, Operation

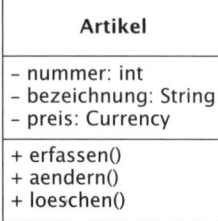

Abb. 5.5-1: Klasse Artikel mit Attributen und Operationen.

```
class Artikel
{
        private int nummer; //primitiver Datentyp
        private String bezeichnung; //Java-Klasse
        private Currency preis; //eigene Klasse

        public void erfassen()
        { ... }
        public void aendern()
        { ... }
        public void loeschen()
        { ... }
}
```

Objekt   Objekte spielen in einem laufenden Programm natürlich die Hauptrolle, während sie bei der Modellierung mit der UML eher eine untergeordnete Bedeutung besitzen. Abb. 5.5-2 zeigt ein Objekt der Klasse Artikel, das auf Java-Programmcode abgebildet wird.

einArtikel: Artikel

Abb. 5.5-2: Objekt der Klasse Artikel.

```
Artikel einArtikel; //Referenz auf Objekt
einArtikel = new Artikel(); //Objekt erzeugen
```

Abstrakte   Abstrakte Klassen werden in Java einfach mit dem Schlüs-
Klasse   selwort abstract gekennzeichnet. Von solchen Klassen kann man keine Objekte erzeugen. Sie dienen wie in der UML ausschließlich zur Bildung von Generalisierungs- bzw. Vererbungsstrukturen. Abb. 5.5-3 zeigt die abstrakte Klasse Geschaeftspartner, die auf Java-Programmcode abgebildet wird.

Abb. 5.5-3: Abstrakte Klasse Geschaeftspartner.

```java
abstract class Geschaeftspartner
{
    private String telefon;
    ...
}
```

Klassenattribute werden in Java als *static*-Elemente bezeichnet. Sie erhalten den Anfangswert zugewiesen, wenn die Klasse geladen wird. Abb. 5.5-4 zeigt die Klasse Artikel mit einem Klassenattribut, die auf Java-Programmcode abgebildet wird.

Klassenattribut

```
┌─────────────────────────────┐
│          Artikel            │
├─────────────────────────────┤
│ – nummer: int               │
│ – bezeichnung: String       │
│ – preis: Currency           │
│ – mwSt: short = 19          │
├─────────────────────────────┤
│ + erfassen()                │
│ + aendern()                 │
│ + loeschen()                │
└─────────────────────────────┘
```

Abb. 5.5-4: Klassenattribut.

```java
class Artikel
{
    private int nummer;
    private String bezeichnung;
    private Currency preis;
    private static short mwSt = 19; //Klassenattribut
    ...
}
```

Abgeleitete Attribute werden in Java – wie auch in anderen objektorientierten Programmiersprachen – durch Operationen realisiert. Dadurch ist die Konsistenz zwischen dem ursprünglichen und dem abgeleiteten Wert automatisch sichergestellt. Abb. 5.5-5 zeigt die Klasse Artikel mit einem abgeleiteten Attribut, die auf Java-Programmcode abgebildet wird.

Abgeleitetes Attribut

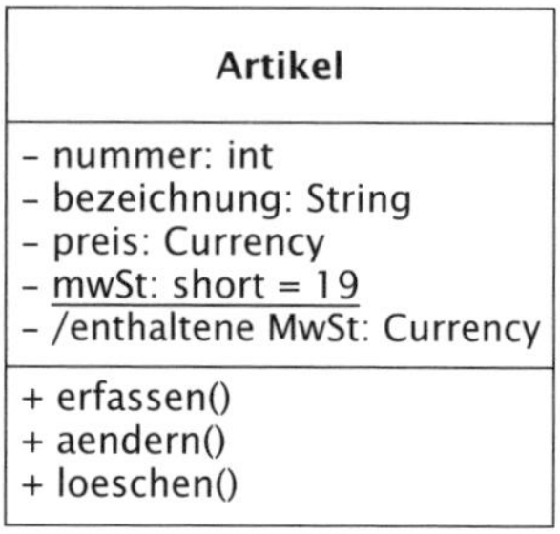

Artikel
– nummer: int   – bezeichnung: String   – preis: Currency   – <u>mwSt: short = 19</u>   – /enthaltene MwSt: Currency
+ erfassen()   + aendern()   + loeschen()

Abb. 5.5-5: Abgeleitetes Attribut.

```
class Artikel
{
        private int nummer;
        private String bezeichnung;
        private Currency preis;
        private static short mwSt = 19;
        //abgeleitetes Attribut als Operation
        public Currency enthalteneMwSt()
        {...}
        ...
}
```

Assoziation Assoziationen lassen sich in Java mithilfe von Attributen bzw. Elementen (*fields*) realisieren. Sie werden ergänzt
durch Operationen bzw. Methoden (*methods*) zum Aufbauen
(link()), zum Entfernen (unlink()) und zum Lesen von Objektbeziehungen (getlink()). Abb. 5.5-6 zeigt eine 1:m-Asso-
ziation zwischen den Klassen Artikel und Lieferant, die auf
Java-Programmcode abgebildet wird. Um die Navigationsrichtung von Artikel zu Lieferant zu realisieren, muss die
Klasse Artikel ein Element enthalten, in dem die Adresse des
assoziierten Objekts steht (z. B. wirdGeliefertVon). Bei der Navigationsrichtung von Lieferant zu Artikel wird in der Klasse Lieferant eine Menge von Elementen benötigt, da ja eine
unbekannte Anzahl von Objektadressen gespeichert werden
muss. Für die Realisierung dieser Navigationsrichtung wird
in folgendem Programm die Klasse Set verwendet. Das Element gelieferteArtikel kann Adressen beliebig vieler asso-
ziierter Objekte speichern.

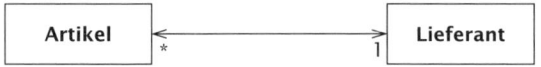

Abb. 5.5-6: Assoziation zwischen Artikel und Lieferant.

```
class Artikel
{
    private Lieferant wirdGeliefertVon;
        //Beziehung zu 1 Lieferant

    public void link(Lieferant neuerLieferant)
    {   //baut Objektbeziehung auf
        wirdGeliefertVon = neuerLieferant;
    }
    public void unlink(Lieferant lieferant)
    {   //entfernt Objektbeziehung...
        wirdGeliefertVon = null;
    }
    public Lieferant getlink()
    {   //liest Objektbeziehung
        return wirdGeliefertVon;
    }
}

class Lieferant
{
    private Set gelieferteArtikel;
        //Beziehung  zu many Artikeln

    public void link (Artikel neuerArtikel)
    {   //baut Objektbeziehung auf
        gelieferteArtikel.addElement (neuerArtikel);
    }
    void unlink (Artikel artikel)
    { //entfernt Objektbeziehung
        gelieferteArtikel.removeElement (artikel)
    }
    Artikel getlink (int position)
    {   //liest Objektbeziehung
        Artikel artikel;
        ...
        artikel = (Artikel) gelieferteArtikel.elementAt
                        (position);
        return artikel;
    }
}
```

Die Generalisierungsstruktur kann einfach aus dem UML-
Diagramm übernommen werden. Sie wird in Java durch
extends gekennzeichnet. Abb. 5.5-7 zeigt eine Generali-

Generalisierung

sierungsstruktur, die auf Java-Programmcode abgebildet wird.

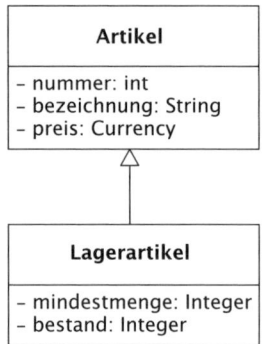

Abb. 5.5-7: Generalisierungsstruktur.

```
class Artikel
{
      private int nummer;
      private String bezeichnung;
      private Currency preis;
      ...
}
class Lagerartikel extends Artikel
{
      private int mindestmenge;
      private int bestand;
      ...
}
```

Paket   Das Konzept des Pakets ist ebenfalls in Java verfügbar. Die Sichtbarkeit *public*, die durch das »+« spezifiziert wird, sorgt dafür, dass die im Paket enthaltenen Klassen (hier: Artikel) außerhalb des Pakets benutzt werden können. Abb. 5.5-8 zeigt ein Paket, das auf Java-Programmcode abgebildet wird.

Abb. 5.5-8: Paket mit der Klasse Artikel.

```
package Shop;
public class Artikel {}
```

Viele Werkzeuge ermöglichen die automatische Generierung von Programmcode in Java oder C++ aus UML-Modellen. Man spricht in diesem Fall von *Forward Engineering*. Analysiert das Werkzeug umgekehrt den Quellcode und erstellt daraus wieder ein UML-Modell, so liegt *Reverse Engineering* vor. *Forward Engineering* entlastet den Softwareentwickler von der Routine-Tätigkeit, Klassen aus dem UML-Modell in die Programmiersprache abzubilden. *Reverse Engineering* ermöglicht es, dass kleinere Änderungen direkt in den Programmen durchgeführt werden und daraus automatisch konsistente UML-Modelle erstellt werden können. *Reverse Engineering* ist aber nicht dazu gedacht, dass Analyse und Entwurf übersprungen werden und direkt mit der Programmierung in Java angefangen wird und anschließend daraus UML-Modelle erzeugt werden. Auch mit modernen Entwicklungsumgebungen und Sprachen wie Java entsteht nur dann Qualitätssoftware, wenn methodisch vorgegangen wird.

Forward und Reverse Engineering

Quiz of the 5th day
Lösung
Vier und fünf sind neun.

Glossar

Abgeleitete Assoziation *(derived association)*
Liegt vor, wenn die gleichen Abhängigkeiten bereits durch andere →Assoziationen beschrieben werden. Sie ist immer redundant.

Abgeleitetes Attribut *(derived attribute)*
Der Wert eines abgeleiteten Attributs kann jederzeit aus anderen Attributwerten berechnet werden. Wenn sich die ursprünglichen Werte ändern, dann ändert sich in auch der Wert des abgeleiteten Attributs.

Abstrakte Klasse *(abstract class)*
Von einer abstrakten Klasse können keine Objekte erzeugt werden. Die abstrakte Klasse spielt eine wichtige Rolle in Generalisierungsstrukturen, wo sie die Gemeinsamkeiten einer Gruppe von →Unterklassen definiert. Damit eine abstrakte Klasse verwendet werden kann, muss von ihr zunächst eine Unterklasse abgeleitet werden.

Aggregation *(aggregation)*
Sonderfall der →Assoziation. Sie liegt dann vor, wenn zwischen den Objekten der beteiligten Klassen eine Beziehung vorliegt, die sich als »ist Teil von« oder »besteht aus« beschreiben lässt.

Akteur *(actor)*
Rolle, die ein Benutzer des Systems spielt. Akteure befinden sich immer außerhalb des Systems. Akteure können Personen oder externe Systeme sein.

Aktion *(action)*
Kleinste ausführbare Funktionseinheit innerhalb einer →Aktivität eines Aktivitätsdiagramms. Eine Aktion kann ausgeführt werden, wenn die Vorgänger-Aktion beendet ist, wenn notwendige Daten zur Verfügung stehen oder wenn ein Ereignis auftritt. Eine Aktion kann auch ein Aktivitätsaufruf sein, d. h. von der Ausführung her gesehen, kann sich hinter einem Aktionsknoten eine sehr komplexe Verarbeitung verbergen.

Aktivität *(activity)*
1. Modelliert im →Aktivitätsdiagramm die Ausführung von Funktionalität bzw. Verhalten. Sie wird durch mehrere Knoten dargestellt, die durch gerichtete Kanten miteinander verbunden sind. Es lassen sich Aktionsknoten, Kontrollknoten und Objektknoten unterscheiden.
2. Spezifiziert in einem →Zustandsdiagramm die durchzuführende Verarbeitung. Aktivitäten können an eine Transition angetragen oder mit einem Zustand verbunden sein.

Aktivitätsbereich *(activity partition)*
Gruppiert in einem →Aktivitätsdiagramm alle Verarbeitungsschritte, für die eine bestimmte organisatorische Einheit verantwortlich ist.

Aktivitätsdiagramm *(activity diagram)*
→UML-Diagramm, das eine →Aktivität durch ein großes Rechteck mit abgerundeten Ecken modelliert. Die Verarbeitungsschritte der Aktivität werden durch Graphen dargestellt, der aus Knoten *(nodes)* und Pfeilen *(edges)* besteht. Die Knoten entsprechen im einfachsten Fall Aktionen,

Die Pfeile (gerichtete Kanten) verbinden die Knoten und stellen im einfachsten Fall den Kontrollfluss der Aktivität dar. Viele Aktivitäten benötigen Eingaben und produzieren Ausgaben. Sie werden durch Parameterknoten beschrieben.

Analyse *(analysis)*
Aufgabe der (System-) Analyse ist die Ermittlung und Beschreibung der Anforderungen eines Auftraggebers an ein Softwaresystem. Das Ergebnis soll die Anforderungen vollständig, widerspruchsfrei, eindeutig, präzise und verständlich beschreiben.

Anfangspseudozustand *(initial pseudo state)*
Kennzeichnet den Startpunkt für die Ausführung eines →Zustandsdiagramms. Er wird durch einen kleinen ausgefüllten Kreis dargestellt. Vom Anfangspseudozustand führt genau eine Transition in den ersten »echten« Zustand. Im Allgemeinen wird diese Transition nicht mit einem Ereignis beschriftet.

Anfangswert *(initial value)*
Legt fest, welchen Wert ein Attribut annimmt, wenn das zugehörige Objekt erzeugt wird. Wird auch als Startwert bezeichnet.

Architektur *(architecture)*
Die Architektur eines Softwaresystems bestimmt die Strukturierung des Systems in Bausteine, legt fest, welche Beziehungen zwischen ihnen existieren und wie sie miteinander interagieren. Dabei sind nur die Black-Box-Eigenschaften der Bausteine von Interesse, d. h. nur diejenigen Informationen, die für deren Benutzung benötigt werden.

Assoziation *(association)*
Eine Assoziation modelliert Objektbeziehungen zwischen Objekten einer oder mehrerer Klassen. Binäre Assoziationen verbinden zwei Objekte. Eine Assoziation zwischen Objekten einer Klasse heißt reflexiv. Jede Assoziation wird beschrieben durch Angabe der →Multiplizität an jedem Ende und einen optionalen →Assoziationsnamen oder →Rollennamen. Eine Assoziation kann bidirektional oder unidirektional sein.

Assoziationsklasse *(association class)*
Besitzt eine →Assoziation selbst wieder Attribute, Operationen und/oder Assoziationen zu anderen Klassen, dann wird sie zur Assoziationsklasse. Sie kann nach einem festen Schema in eine »normale« Klasse transformiert werden.

Assoziationsname *(association name)*
Beschreibt die Bedeutung einer →Assoziation. Oft handelt es sich um ein Verb, z. B. (Kunde) erteilt (Bestellung).

Attribut *(attribute)*
Attribute beschreiben Daten, die von den →Objekten der →Klasse angenommen werden können. Alle Objekte einer Klasse besitzen dieselben Attribute, jedoch im Allgemeinen unterschiedliche Attributwerte. Jedes Attribut kann mithilfe der UML detailliert spezifiziert werden (→Attributspezifikation). Bei der Implementierung muss jedes Objekt Speicherplatz für alle seine Attribute reservieren. Der Attributname ist innerhalb der Klasse eindeutig.

Attributspezifikation *(attribute specification)*
Ein Attribut wird im OOA-Modell durch folgende Angaben spezifiziert: Name, Typ, Anfangswert, Multiplizität (Voreinstellung [1]), Eigenschaftswert, Einschränkung, Klassenattribut, abgeleitetes Attribut.

Aufzählungstyp *(enumeration datatype)*
→Datentyp, dessen zulässige Werte einzeln aufgeführt werden. Die Darstellung erfolgt mithilfe des Klassensymbols und dem Stereotypen «enumeration».

Beobachter-Muster *(observer pattern)*
→Entwurfsmuster, das dafür sorgt, dass bei der Änderung eines Objekts alle davon abhängigen Objekte benachrichtigt und automatisch aktualisiert werden.

Bidirektionale Assoziation *(bidirectional association)*
Assoziation, deren Objektbeziehungen *(links)* in beiden Richtungen durchlaufen werden können.

Datenhaltungsschicht *(storage tier, database tier)*
Architektur-Schicht, die die Datenspeicherung realisiert, z. B. mit einem relationalen Datenbanksystem oder mit flachen Dateien.

Datentyp *(datatype)*
Typ, dessen Werte keine Identität besitzen. Er wird besonders zur Modellierung von Strukturen verwendet. Die Darstellung erfolgt mithilfe des Klassensymbols und dem Schlüsselwort «datatype».

Drei-Schichten-Architektur *(three-tier architecture)*
Besteht aus der GUI-Schicht (Schicht der Benutzungsoberfläche), der Fachkonzeptschicht – auch Applikationsschicht genannt – und der Datenhaltungsschicht.

Eigenschaftswert *(property modifier)*
Dient dazu, ein Element des Modells genauer zu charakterisieren. In der UML sind unter anderem folgende Angaben möglich: {readOnly} sagt aus, dass das Element nur gelesen werden kann, {ordered} sagt aus, dass die Elemente geordnet sind. Weiterhin können Einschränkungen definiert werden, die für das Element gelten.

Einfachvererbung *(single inheritance)*
Generalisierungsstruktur, bei der jede Unterklasse genau eine direkte Oberklasse besitzt. Es entsteht eine Baumstruktur.

Einschränkung *(constraint)*
Bedingung oder Zusicherung, die immer wahr sein muss. Einschränkungen können in umgangssprachlicher oder maschinenlesbarer Form spezifiziert werden. Ihr Zweck ist es, die Semantik eines Elements genauer zu beschreiben. Bestimmte Einschränkungen sind in der UML bereits vorhanden (z. B. {xor}), weitere können durch den UML-Modellierer definiert werden. Einschränkungen können in geschweiften Klammern stehen und direkt zu dem betreffenden Element hinzugefügt werden.

Endzustand *(final state)*
Spezieller Zustand in einem →Zustandsdiagramm. Wird er erreicht, dann endet die durch das Zustandsdiagramm beschriebene Verarbeitung.

Entscheidung *(decision node)*
Kontrollknoten im →Aktivitätsdiagramm, bei dem der Kontrollfluss in Abhängigkeit von Bedingungen verzweigt. Er wird durch eine Raute mit einem Eingangspfeil und mehreren Ausgangspfeilen dargestellt.

Entwurf *(design)*
Aufgabe des Entwurfs ist - aufbauend auf dem Ergebnis der Analyse – die Erstellung der Softwarearchitektur. Das Ergebnis soll die zu realisierenden Programme auf einem höheren Abstraktionsniveau dokumentieren.

Entwurfsmuster *(design pattern)*
Gibt eine bewährte, generische Lösung für ein immer wiederkehrendes Entwurfsproblem an, das in bestimmten Situationen auftritt.

Ereignis *(event)*
Auslöser einer Transition in einem →Zustandsdiagramm. Ein Ereignis kann unter anderem ein Aufruf einer Operation, ein zeitliches Ereignis oder eine Änderung bestimmter Attributwerte sein.

extend-Beziehung *(extend relationship)*
Mithilfe der extend-Beziehung wird ein →Use-Case A durch einen Use-Case B erweitert. Der Use-Case A beschreibt die Basisfunktionalität, der Use-Case B spezifiziert Erweiterungen. Der Use-Case A kann alleine oder mit den Erweiterungen von B ausgeführt werden.

Fachkonzeptschicht *(application logic tier)*
Architektur-Schicht, die in einer Drei-Schichten-Architektur die fachliche Anwendung und die Zugriffe auf die Datenhaltungsschicht modelliert. Das OOA-Modell bildet die erste Version der Fachkonzeptschicht.

Fachliche Lösung
Modell der »idealen Welt«, das losgelöst von Implementierungstechniken beschrieben wird. In der objektorientierten Welt stellt das →OOA-Modell die fachliche Lösung dar.

Framework *(framework)*
Besteht aus einer Menge von zusammenarbeitenden Klassen, die einen wiederverwendbaren Entwurf für einen bestimmten Anwendungsbereich implementieren. Es besteht aus konkreten und insbesondere aus abstrakten Klassen. Im Allgemeinen wird vom Anwender (Programmierer) des *Frameworks* erwartet, dass er Unterklassen definiert, um das *Framework* zu verwenden und anzupassen. (Syn.: Rahmenwerk)

Geheimnisprinzip *(information hiding)*
Die Einhaltung des Geheimnisprinzips bedeutet, dass die Attribute und die Implementierung der Operationen außerhalb der Klasse nicht sichtbar sind.

Generalisierung *(generalization)*
Beschreibt die Beziehung zwischen einer allgemeineren Klasse (Basisklasse) und einer spezialisierten Klasse. Die spezialisierte Klasse erwei-

tert die Liste der Attribute, Operationen und Assoziationen der Basisklasse. Es entsteht eine Klassenhierarchie oder Generalisierungsstruktur.

Guard *(guard)*
Kann in einem →Zustandsdiagramm ein →Ereignis ergänzen. Ein *Guard* ist eine Bedingung, die wahr oder falsch sein kann. Tritt das jeweilige Ereignis ein, dann wird zusätzlich diese Bedingung ausgewertet. Nur wenn sie erfüllt ist, »feuert« die Transition, d. h. es erfolgt ein Zustandsübergang.

GUI-Schicht *(presentation tier)*
Architektur-Schicht in einer Drei-Schichten-Architektur, die sowohl für die Dialogführung und die Präsentation der fachlichen Daten (z. B. in Fenstern) als auch für die Kommunikation mit der Fachkonzeptschicht und ggf. mit der Datenhaltungsschicht zuständig ist.

include-Beziehung *(include relationship)*
Beziehung von einem Use-Case A (Basis-Use-Case) zu einem Use-Case B. Sie besagt, dass das Verhalten von B ein Teil des Verhaltens von A ist. Um den Use-Case A korrekt auszuführen, wird die Ausführung des Use-Case B benötigt. Die *include*-Beziehung wird verwendet, wenn zwei oder mehr Use-Cases ein gemeinsames Verhalten besitzen.

Indirekte Kommunikation *(indirect communication)*
Kommunikation zwischen Objekten, die mithilfe des →Beobachter-Musters realisiert wird. Das Fachkonzeptobjekt besitzt eine Liste aller seiner Beobachter. Bei Änderungen benachrichtigt es alle Beobachter. Die Beobachter holen sich daraufhin selbständig die notwendigen Daten.

Klasse *(class)*
Definiert für eine Kollektion von Objekten deren Struktur (Attribute), Verhalten (Operationen) und Beziehungen (Assoziationen, Generalisierungsstrukturen). Klassen bilden eine Schablone für die Erzeugung von Objekten.

Klassenattribut *(class attribute)*
Attribut, das der Klasse zugeordnet ist und unabhängig von den Objekten der Klasse existiert.

Klassendiagramm *(class diagram)*
UML-Diagramm, das die Klassen mit Attributen und Operationen, die Generalisierungsstrukturen und die Assoziationen zwischen Klassen darstellt.

Klassenextension *(extent)*
Menge aller Objekte einer Klasse. Das Konzept der Klassenextension ermöglicht die Durchführung von Operationen (z. B. Selektionen) auf der Menge aller Objekte einer Klasse.

Komposition *(composition)*
Besondere Form der →Aggregation. Die Lebensdauer der Teile ist an die Lebensdauer des Ganzen gebunden. Jedes Teil kann – zu einem Zeitpunkt – nur zu einem Ganzen gehören. Es kann jedoch einem anderen

Ganzen zugeordnet werden. Oft gilt die dynamische Semantik des Ganzen auch für seine Teile.

Mehr-Schichten-Architektur *(multi tier architecture)*
Sie entsteht, wenn die →Drei-Schichten-Architektur um weitere Schichten erweitert wird bzw. die vorhandenen Schichten feiner zerlegt werden.

Multiplizität *(multiplicity)*
Die Multiplizität eines Attributs spezifiziert die Anzahl der Werte, die ein Attribut enthalten kann oder muss. Bei einer Assoziation gibt die Multiplizität am gegenüberliegenden Assoziationsende an, wie viele Objektbeziehungen von einem Objekt zu den Objekten der assoziierten Klasse für diese eine Assoziation ausgehen können.

Nachricht *(message)*
Aufforderung eines Senders *(client)* an einen Empfänger *(server, supplier)*, eine Dienstleistung zu erbringen. Der Empfänger interpretiert diese Nachricht und führt eine →Operation aus. (Syn.: Botschaft)

Navigierbarkeit *(navigability)*
Legt fest, ob eine →Assoziation →unidirektional oder →bidirektional realisiert wird.

Notation *(notation)*
Darstellung von Konzepten durch eine festgelegte Menge von grafischen und/oder textuellen Symbolen, zu denen eine Syntax und Semantik definiert ist.

Oberklasse *(super class)*
In einer Generalisierungsstruktur heißt jede Klasse, von der eine andere Klasse abgeleitet wird, Oberklasse dieser Klasse. Die Oberklasse vererbt ihre Eigenschaften und Verhalten an ihre Unterklassen.

Objekt *(object)*
Ein Objekt besitzt einen Zustand (Attributwerte und Objektbeziehungen zu anderen Objekten), reagiert mit einem definierten Verhalten (Operationen) auf seine Umgebung und besitzt eine →Objektidentität, die es von allen anderen Objekten unterscheidet. Jedes Objekt ist Exemplar einer →Klasse.

Objektdiagramm *(object diagram)*
UML-Diagramm, das Objekte und Objektbeziehungen darstellt. Objektdiagramme werden im Allgemeinen verwendet, um einen Ausschnitt des Systems zu einem bestimmten Zeitpunkt zu modellieren.

Objektidentität *(object identity)*
Jedes Objekt besitzt eine Identität, die es von allen anderen Objekten unterscheidet. Selbst wenn zwei Objekte zufällig dieselben Attributwerte besitzen, haben sie eine unterschiedliche Identität. Im Speicher wird die Identität durch unterschiedliche Adressen realisiert.

Objektorientierte Analyse *(object oriented analysis)*
Ermittlung und Beschreibung der Anforderungen an ein Softwaresystem mittels objektorientierter Konzepte und Notationen. Das Ergebnis ist ein OOA-Modell. (Abk.: OOA)

Objektorientierte Softwareentwicklung *(object oriented software development)*
Bei einer objektorientierten Softwareentwicklung werden die Ergebnisse der Phasen Analyse, Entwurf und Implementierung objektorientiert erstellt. Für Letztere werden objektorientierte Programmiersprachen verwendet.

Objektorientierter Entwurf *(object oriented design)*
Aufbauend auf dem OOA-Modell erfolgt die Erstellung der Softwarearchitektur und die Spezifikation der Klassen aus Sicht der Realisierung. Das Ergebnis ist das OOD-Modell, das die objektorientierten Programme auf einem höheren Abstraktionsniveau dokumentiert.

OID-Attribut *(OID attribute)*
Schlüsselattribut in der Tabelle einer relationalen Datenbank, das keinerlei fachliche Bedeutung besitzt. OID ist die Kurzform für →Objektidentität *(object identity)*.

OOA
→Objektorientierte Analyse

OOA-Modell *(analysis model)*
Fachliche Lösung des zu realisierenden Systems, die in einer objektorientierten Notation modelliert wird. Das OOA-Modell ist das wichtigste Ergebnis der Analyse.

OOD-Modell *(design model)*
Technische Lösung des zu realisierenden Systems, die in einer objektorientierten Notation modelliert wird. Das OOD-Modell ist ein Abbild der objektorientierten Programme.

Operation *(operation)*
Dienstleistung, die von einer Klasse zur Verfügung gestellt wird. Alle Objekte einer Klasse verwenden dieselben Operationen. Jede Operation kann auf alle Attribute eines Objekts dieser Klasse direkt zugreifen.

Paket *(package)*
Fasst Modellelemente (z. B. Klassen) zusammen. Ein Paket kann selbst Pakete enthalten. Es wird benötigt, um die Systemstruktur auf einer hohen Abstraktionsebene zu modellieren.

Paket-Import *(package import)*
Beziehung, die zwischen zwei →Paketen oder einem Paket und einem Element eines anderen Pakets existiert. Sie wird durch einen gestrichelten Pfeil dargestellt, der auf dasjenige Paket zeigt, das importiert werden soll. Der Paket-Import ermöglicht es, dass die Elemente des importierten Pakets im importierenden Paket ohne qualifizierenden Namen verwendet werden.

Paketdiagramm *(package diagram)*
UML-Diagramm, das →Pakete und die zwischen ihnen existierenden Abhängigkeiten modelliert.

Primitiver Datentyp *(primitive datatype)*
Datentyp, der keine Struktur besitzt. Außer den vier vordefinierten primitiven Datentypen Boolean, String, Integer und UnlimitedNatural

können weitere primitive Datentypen definiert werden. Die Darstellung erfolgt mithilfe des Klassensymbols und dem Stereotypen «primitive».

Reflexive Assoziation *(reflexive association)*
Assoziation zwischen Objekten derselben Klasse. Sie wird auch als rekursive Assoziation bezeichnet.

Rollenname *(role name)*
Beschreibt, welche Bedeutung ein Objekt in einer →Assoziation besitzt. Eine binäre Assoziation besitzt maximal zwei Rollen.

Sequenzdiagramm *(sequence diagram)*
UML-Diagramm, das zeigt, wie Kommunikationspartner miteinander kommunizieren, um eine bestimmte Aufgabe zu erfüllen. Die beteiligten Kommunikationspartner werden meistens so auf der Horizontalen angetragen, dass die Nachrichtenpfeile von links nach rechts zeigen. Die Vertikale definiert die zeitliche Reihenfolge, in der die Teilaufgaben ausgeführt werden.

Sichtbarkeit *(visibility)*
Legt fest, wie auf Elemente zugegriffen werden kann. Die UML unterscheidet für Attribute und Operationen die folgenden Arten der Sichtbarkeit: *public:* sichtbar für alle Klassen, *protected:* sichtbar innerhalb der Klasse und für alle ihre Unterklassen, *private:* sichtbar nur innerhalb der Klasse, *package:* sichtbar im gleichen Paket. Für Pakete sind nur folgende Arten der Sichtbarkeit definiert: *public:* sichtbar außerhalb des Pakets, *private:* sichtbar nur innerhalb des Pakets.

Splitting *(fork node)*
Bei einem Splitting-Knoten verzweigt der Kontrollfluss im →Aktivitätsdiagramm in mehrere – aus fachlicher Sicht – parallele Pfade. Er besitzt immer einen Eingangs- und zwei oder mehr Ausgangspfeile. Die Kontrollflüsse werden bei einem Synchronisationsknoten *(join node)* wieder zusammengeführt.

Stereotyp *(stereotype)*
Angabe in einem UML-Modell, um Erweiterungen für existierende Modellelemente zu spezifizieren. Die UML bietet eine Reihe von vordefinierten Stereotypen, die auch Schlüsselworte *(keywords)* genannt werden. Der UML-Modellierer kann selbst weitere Stereotypen definieren. Stereotypen werden in französischen Anführungszeichen *(guillemets)* mit Spitzen nach außen angegeben, z. B. «datatype».

Synchronisation *(join node)*
Vereinigt parallele Kontrollflüsse in einem →Aktivitätsdiagramm. Dementsprechend besitzt sie mehrere Eingangspfeile und einen Ausgangspfeil.

Szenario *(scenario)*
Sequenz von Verarbeitungsschritten, die unter bestimmten Bedingungen auszuführen sind. Ein →Use-Case wird durch eine Kollektion von Szenarien dokumentiert. Mit anderen Worten: Ein Szenario ist ein konkreter Weg durch den Use-Case.

Technische Lösung
Die technische Lösung realisiert die →fachliche Lösung für konkrete Computer-Plattformen.

Transition *(transition)*
Verbindet in einem →Zustandsdiagramm einen Ausgangs- und einen Folgezustand. Sie kann nicht unterbrochen werden und wird stets durch ein Ereignis ausgelöst. Ausgangs- und Folgezustand können identisch sein. (Syn.: Zustandsübergang)

Typ *(type)*
Jedes Attribut ist von einem bestimmten Typ. Er kann ein →primitiver Datentyp, ein →Aufzählungstyp, eine Struktur oder eine →Klasse sein.

UML *(unified modeling language)*
Grafische Notation für objektorientierte Modellierung. Sie wird eingesetzt, um Software in den Phasen Analyse und Entwurf zu modellieren. UML hat sich als weltweiter Standard etabliert. Die neueste Version ist die UML 2.

Unidirektionale Assoziation *(unidirectional association)*
Assoziation, deren Objektbeziehungen *(links)* nur in einer Richtung durchlaufen werden können.

Unterklasse *(sub class)*
Klasse, die in einer Generalisierungsstruktur Eigenschaften und Verhalten von einer anderen Klasse erbt. Man sagt auch: die Unterklasse spezialisiert ihre Oberklasse.

Use-Case *(use case)*
Beschreibt die Funktionalität des Softwaresystems, die ein →Akteur ausführen muss, um ein gewünschtes Ergebnis zu erhalten oder um ein Ziel zu erreichen. Use-Cases sollen es ermöglichen, mit dem zukünftigen Benutzer über die Funktionalität des Softwaresystems zu sprechen, ohne sich in Details zu verlieren.

Use-Case-Diagramm *(use case diagram)*
UML-Diagramm, das die Beziehungen zwischen →Akteuren und →Use-Cases in einem Softwaresystem modelliert. Auch Beziehungen zwischen Use-Cases (→extend und →include) können eingetragen werden.

Use-Case-Modell *(use case model)*
Menge aller Use-Cases in einem Softwaresystem, d. h. die komplette Funktionalität des Systems. Das Use-Case-Modell ersetzt die traditionelle funktionale Beschreibung.

Use-Case-Schablone *(use case template)*
Schablone zur semiformalen Spezifikation von →Use-Cases. Sie enthält folgende Informationen: Name, Ziel, Kategorie, Vorbedingung, Nachbedingung im Erfolgsfall, Nachbedingung bei einem Fehlschlag, Akteure, auslösendes Ereignis, Beschreibung des Standardfalls sowie Erweiterungen und Alternativen zum Standardfall.

Zusammenführung *(merge node)*
Kontrollknoten in einem →Aktivitätsdiagramm, der Kontrollflüsse zusammenführt, die durch eine →Entscheidung entstanden sind. Er wird

durch eine Raute mit mehreren Eingangspfeilen und einem Ausgangspfeil dargestellt.

Zustand *(state)*
Ist im →Zustandsdiagramm eine Zeitspanne, in der ein Objekt auf ein
Ereignis wartet. Ein Zustand besteht so lange, bis ein Ereignis eintritt,
das eine Transition auslöst.

Zustandsdiagramm *(state chart diagram)*
UML-Diagramm, das →Zustände und →Transitionen enthält. Es besitzt
mindestens einen Anfangspseudozustand. Es dazu, das dynamische Verhalten von Use-Cases und den Lebenszyklus von Klassen bzw. von deren
Objekten zu beschreiben.

Zwei-Schichten-Architektur *(two-tier architecture)*
Bei einer Zwei-Schichten-Architektur sind die Benutzungsoberfläche und
das Fachkonzept fest in einer Schicht verzahnt. Die zweite Schicht realisiert die Datenhaltung.

Literatur

[Balz05]
Balzert, Heide; *Lehrbuch der Objektmodellierung – Analyse und Entwurf mit der UML 2*, 2, Heidelberg, Spektrum Akademischer Verlag, 2005.

[Booc94]
Booch, Grady; *Object-Oriented Analysis and Design with Applications*, Second Edition, Redwood City, The Benjamin/Cummings Publishing Company, 1994.

[BoRu95]
Booch, G.; Rumbaugh, J.; *Unified Method, Version 0.8*, Santa Clara, Rational Software Corporation, 1995, http://www.rational.com.

[CoYo91]
Coad, P.; Yourdon, E.; *Object-Oriented Analysis*, 2. Auflage, Engelwood Cliffs, Yourdon Press, Prentice Hall, 1991.

[CoYo91a]
Coad, P.; Yourdon, E.; *Object-Oriented Design*, Englewood Cliffs, Yourdon Press, 1991.

[GHJ+96]
Gamma, Erich; Helm, Richard; Johnson, Ralph; Vlissides, John; *Entwurfsmuster, Elemente wiederverwendbarer objektorientierter Software*, 1, Addison Wesley, 1996.

[JCJ+92]
Jacobson, I.; Christerson, M.; Jonsson, P.; Övergaard, G.; *Object-Oriented Software Engineering – A Use Case Driven Approach*, Wokingham, Addison Wesley, 1992.

[RBP+91]
Rumbaugh, J.; Blaha, M.; Premerlani, W.; Eddy, F.; Lorensen, W.; *Object-Oriented Modeling and Design*, Englewood Cliffs, Prentice Hall, 1991.

[ShMe88]
Shlaer, S.; Mellor, S.; *Modeling the World in Data*, Englewood Cliffs, Yourdon Press, Prentice Hall, 1988.

[ShMe92]
Shlaer, S.; Mellor, S.; *Object Lifecycles – Modeling the World in States*, Engelwood Cliffs, Yourdon Press, Prentice Hall, 1992.

[UML07]
OMG Unified Modeling Language (OMG UML), Superstructure, V.2.1.2, OMG Document Number: formal/2007–11–02, November 2007, 2007, http://www.omg.org.

Sachindex

Assoziation
Multiplizität mit
Unter- und Obergrenze
abgeleitete
Assoziation
Assoziationsname
Leserichtung
Klasse1
m1..m2
/name
*
Klasse2
+rolle1{ordered}
-rolle2
Sichtbarkeit
Rollenname
Eigenschaftswert
einfache Assoziation
identisch mit 0..*
Aggregation
Komposition
*
Klasse3
*
1
{xor}
*
*
*
Klasse4
*
*
nicht
navigierbares
Assoziationsende
Klasse5
Ein-
schränkung
Navigations-
richtung
Assoziationsklasse

Generalisierung
abstrakte
Klasse
Klasse1
Klasse2
Klasse3

Zustandsdiagramm
Anfangspseudozustand
Guard
e4[g]/a4
Z1
e1
Zustand
Transition
Z2
Z3
e3/a3
e5
e2/a2
Aktivität
Ereignis
End-
zustand

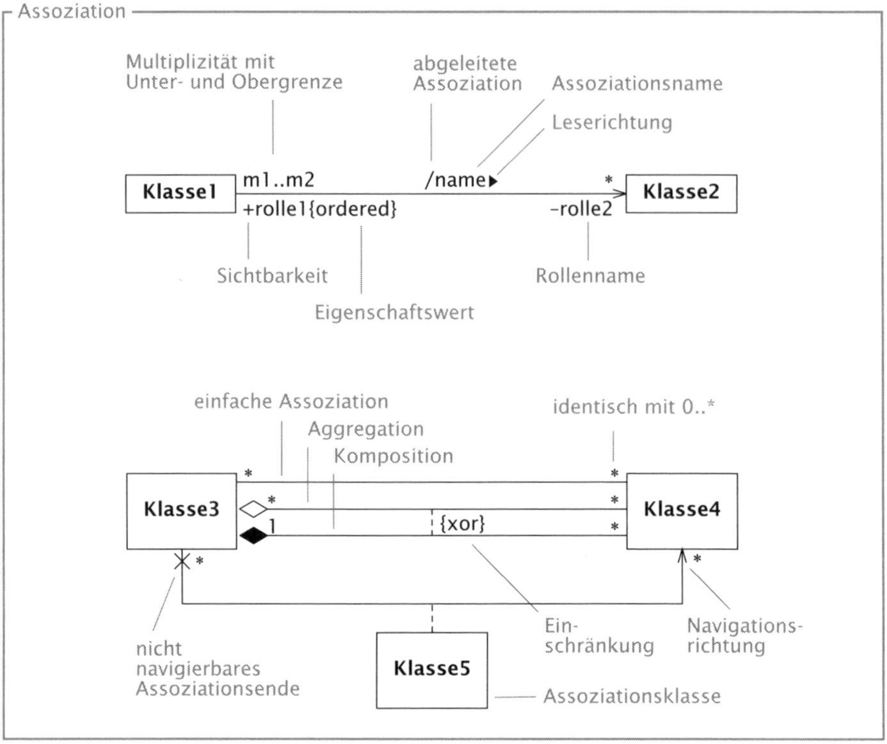

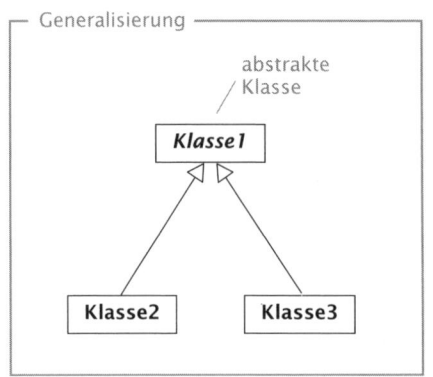

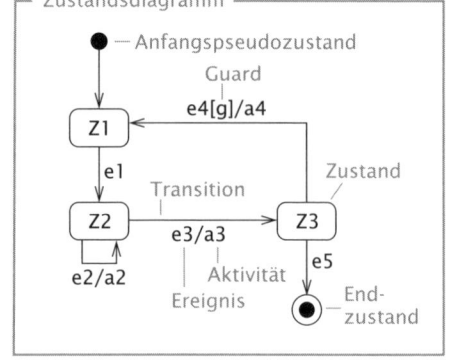